U0682998

高效执行

钱 前◎著

中华工商联合出版社

图书在版编目(CIP)数据

高效执行 / 钱前著. -- 北京：中华工商联合出版社，2019.5

ISBN 978-7-5158-2494-9

Ⅰ.①高… Ⅱ.①钱… Ⅲ.①企业－职工－职业道德 Ⅳ.①F272.921

中国版本图书馆CIP数据核字 (2019) 第 069037 号

高效执行

作　　者	：	钱　前
责任编辑	：	吕　莺　董　婧
封面设计	：	天下书装
责任审读	：	李　征
责任印制	：	迈致红
营销推广	：	王　静
出版发行	：	中华工商联合出版社有限责任公司
印　　刷	：	河北飞鸿印刷有限公司
版　　次	：	2019年8月第1版
印　　次	：	2022年4月第2次印刷
开　　本	：	710mm×1020mm　1/16
字　　数	：	141千字
印　　张	：	17.25
书　　号	：	ISBN 978-7-5158-2494-9
定　　价	：	45.00元

服务热线：010-58301130
销售热线：010-58302813
地址邮编：北京市西城区西环广场A座
　　　　　19-20层，100044
http://www.chgslcbs.cn
E-mail: cicap1202@sina.com(营销中心)
E-mail: gslzbs@sina.com(总编室)

工商联版图书
版权所有　侵权必究

凡本社图书出现印装质量问题，请与印务部联系。
联系电话：010-58302915

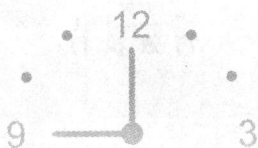

目 录

高效执行素质一
使命必达，拥有最强执行力

高效执行素质二
带着正能量去工作

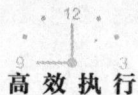

3 高效执行素质三
学会感恩，职场成功的必修课

4 高效执行素质四
站在公司的角度思考、工作

5 高效执行素质五
公司喜欢沟通型员工

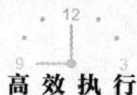

12

9 **3**

6

高效执行素质一

使命必达，
拥有最强执行力

→ 高效执行是决定成败的关键力量

→ 设定目标管理，高效执行有动力

→ 没有失败的战略，只有失败的执行

→ 不为失败找借口，只为成功找方法

→ 以最积极的态度高效完成任务

→ 增强高效执行能力的几个方法

→ 正确的工作态度是高效执行的助推器

高效执行是决定成败的关键力量

> 一个人即使有再好的想法，如果不将其付诸行动也只能一事无成。

一个人要想成为公司里的一名优秀员工，就一定要有高效的执行力，绝对服从上级提出的要求，并将其执行到底。任何公司都需要执行力强的员工，这样的员工做事会让领导放心，可以为领导减轻负担，无论领导安排的任务有多么艰巨，他们都会严格去执行，绝不会有半点犹豫或懈怠。高效执行的员工深受领导的重视，他们是公司里的骨干，是领导眼中升职加薪的首要人选。

美国西点军校学子，后来做了美国总统的艾森豪威尔将军说："任何语言都是苍白的，你唯一需要的就是执行力，一项行动胜过一打计划。"执行力对于一个国家、一个军队的重要性是如此，对于一个企业同样攸关生死。马云说："在一流的创意和三流的执行力，以及三流的创意和一流的执行力之间，我宁愿选择后者。"马云的话说出了执行力的重要性。如今，越来越多的企业家都意识到了高效执行对于企业发展的极端重要性。顺丰快递创始人王卫就曾说过，执行力是决定一个企业命运的关键力量。

那么，对于一个普通员工而言，高效执行重要吗？

答案是肯定的。

没有一个老板喜欢拖拖拉拉，不断找借口，无法按时保质完成任务的员工。相反，老板们欣赏的是那些永远按时完成任务，目标感强，无论什么时候都能做到使命必达的员工。因此，执行力的高低，成为许多老板心中区别平庸员工和优秀员工的极为重要的标准。

其实，不管是在职场上，还是在生活中，高效执行对每一个员工而言都是极为重要的。它是一个人事业成功、生活幸福的重要保证。

二十年前，董明珠还只是格力电器的一个普通销售员工，在上千名员工中间，表面上看，她并没有突出的优势——她没有高学历，也没有出众的销售经验和口才。然而，随着时间推移，她一步步成为格力电器的总裁、董事长，并成功带领企业成为具有世界影响力的空调企业，她也成为了中国最杰出的企业家之一。

那么，董明珠是凭借什么取得如此重大的成就呢？凭的是她无与伦比的高效执行。可以说，强大的执行力改变了格力公司的命运，也改变了董明珠的命运，使她从众多的普通员工中脱颖而出。有这样一个例子生动地说明了她出众的执行力……

有一年，安徽一家企业欠格力公司一大笔款项，格力公司派出了好几拨人去催款，但是，每一次去都无功而返。失败的原因是这些催款的人认为这笔欠款反正不是自己的钱，人家不给自己也没办法。虽然公司高层不断地催促催款的人，可是，负责催款的员工却无一人拿回欠款。

最后，公司派出了董明珠，此时的董明珠只是一名普通员工，公司高层对她没有抱太大希望。董明珠到了安徽，心中只有一个目标：一定要回款项，否则绝不回公司。于是，她在安徽对欠款公司展开了"围追堵截"，日复一日，面对一次次失败，她从未放弃。最后，欠款的公司被她执着的精神彻底打动了，他们没有见过这样有如此强烈的"一定要做到"的信念的人。于是，该公司将所欠的款项还给了格力。

这一事件震动了格力公司高层，他们开始关注董明珠，因为他们从她身上看到了一个企业生存发展最需要的东西：责任感、执行力！而董明珠的命运从此开始改变……

执行力拥有改变个人与企业命运的力量，因此，如果你想取得事业上的成功，就要从现在开始让自己拥有更强的执行力，这样你的工作效率会大大提高，你的任务完成能力也会增强，随着时间推移，你的职场生活将发生惊人的变化，取得的成效注定会让你大吃一惊的。

设定目标管理，高效执行有动力

> 没有目标就没有方向，没有方向就没有动力。

任何人都需要拥有一个目标，只有在目标的指引下，人们才能走向成功。人有了目标，就能有更大的干劲，有更加持久的高效执行力，即使做一件最微不足道的事情，也都会令其有意义。

工作中，有些员工没有目标，他们认为工作乏味，工作动力缺乏，更别提高效执行。而有目标的员工在工作中踏实苦干，高效执行，总是能够让工作实现价值最大化，令自己获得更长远的发展。

著名的哈佛商学院曾经就一个人的人生目标做过实验，这个实验选取了一些青年人，并对他们的人生目标进行了跟踪调查，结果显示：

3%的人有十分清晰的长远目标，25年后这些人成为了社会各界的精英、行业领袖；

10%的人有清晰但比较短期的目标，25年后这些人成为各专业、各领域事业有成的中产阶级；

60%的人只有模糊的目标，25年后这些人胸无大志、事业平平；

27%的人毫无目标，25年后这些人生活在底层，入不敷出。

由此可以看出目标对于人来说是多么的重要。生活中有许多人没有明确的目标和抱负，没有良好的人生计划，而是一天天地得过且过。他们如同一只没有目标的船，随波逐流，既不知目的地在何方，也不知道船停靠在哪里，他们在浑浑噩噩中虚掷了许多宝贵的时光。他们在做任何事时都不知道其意义所在，他们只是被裹挟在拥挤的人流中被动前进。如果你问他们打算做什么，他们的抱负是什么，他们会告诉你他们自己也不知道到底要去做什么。他们只是漫无目的地等待机会，希望以此来改变生活。

一个人如果目标不明确，行动起来就有很大的盲目性，就有可能浪费时间、耽误自己的前程。生活中有不少人，有些甚至是具有一定能力的人，就是由于确立的目标不明确、不具体而最终一事无成。

比如，许多人在年幼时都希望将来能成为科学家，这样的目标其实不是很明确。因为科学的门类很多，究竟要做哪一个学科的科学家，多数人对此并不是很清楚，因而难以将自己的目标付诸实践。

而有目标的人会义无反顾地前进，他们不畏艰辛地追求着自己的人生理想，即使他们所追求的理想一时难以实现，但他们还是认为只要树立了目标，就要不顾一切地去努力。拿破仑·希尔说："如果一个人没有目标，就只能在人生的路途上徘徊，永远到不了任何地方。"

迈克·约翰逊是美国短跑名将，为了挑战人类体能极限，他遭受了各种挫折，也曾历经两次奥运会的失败。但他没有放弃自己成为世界冠军的目标，当他遇到重大挫折时，他从来不会放弃，他相信自己能再次站起来。

当他夺得亚特兰大奥运会400米赛跑冠军时，有位记者这样形容当时的精彩场面："当枪声响起，他飞奔而去，不一会儿就把所有的选手都甩在后面。他一心一意地注意着脚下的跑道，观众的喧哗声似乎从他的耳中渐渐退去，其他的选手好像也不存在了，眼前只剩下他和他脚下的跑道，他的心中有一个自然的节拍在运作着，他全神贯注在自己的目标上。"

如果你认为只有精英人物才会拥有目标，你就永远无法改变平庸的生活。每个人都有梦想的权利，而目标就是人们要实现的梦想。

一个人想要过一个理想完满的人生，就必须先拟定一个清晰、明确的人生目标，并且制订实现目标的时间表。

确立目标之前需要做深入细致的思考，要权衡各种利弊，考虑各种内外因素，从众多可供选择的目标中确立自己可行的目标。一个人在某一个时期或一生中一般只能确立一个主要目标，因为目标过多会使人无所适从，没有明确的努力方向。

生活中有一些人之所以没有什么成就，原因之一就是经常变换目标，所谓"常立志"者就是这样一种人，他们不知道自己到底要做什么，他们不能持之以恒地为了一个目标而努力，因此无法取得成功。

人生一世，没有目标，等于失去行动的方向。这个道理再简单不过，但为什么有很多人总是找不到自己的目标呢？原因就在于这些人缺乏确定自己目标的能力。那些成大事者，非常善于在行动之前，通过自己的认识和判断来找到一个适合自己的目标，而找准目标就等于成功了一半。

很多人并不了解他们的未来是自己创造的，他们在工作中不能高效执行，他们没有一个明确的目标。而优秀员工了解自己追求什么，并且有完整计划和明确目标，他们高效执行，因而成为挑战自己的人。

那么，人应该如何制订目标呢？

没有目标的人注定不能成大事，但如果目标过大，也不容易落实为具体行动，因此人应该学会把大目标分解成若干个具体的小目标，制订并实现年度目标、月目标、周目标甚至日目标，这样会提高工作效率，使事业迈上一个新台阶。

人生的目标应该尽可能的远大，因为远大的目标能产生持久的动力和热情。然而，人们需要注意的是，目标必须是具体的、可以实现的。如果目标不具体，无法转化为一系列实践活动，就会降低人的积极性。因为向目标迈进是人动力的源泉，如果人无法知道自己向目标前进了多少，就很可能会泄气，从而无法再坚持下去。对此，拿破仑·希尔有个好建议：

◇目标应该是明确的；

◇目标应该是实际的；

◇目标应该是专一的；

◇目标应该是长期的；

◇目标应该是远大的。

拿破仑·希尔同时指出，制订目标并且朝目标不懈努力，可以帮助人把握自己的命运，其主要原因有以下10个：

（1）目标给了人生活中为之奋斗的目的和方向。

（2）目标可以帮助人克服拖延的不良习惯，养成高效执行的好习惯。

（3）目标可以帮助人集中精力，朝着人选定的目标不懈地努力。

（4）目标可以激起人的工作热情。

（5）目标可以使人的工作更有效率。

（6）目标能帮助人节省时间。

（7）目标有助于人积累财富。

（8）目标可以帮助人以长远的观点来看待问题。

（9）目标可以使人对自己有一个清醒的认识。

（10）目标可以帮助人抓住机遇，不断发展自我。

　　虽然目标是朝向将来的，是有待将来实现的，但目标能使人更好地把握现在。因为人要实现一个远大的目标，就要制订并且达成一连串的小目标。每个重大目标的实现，都是一个个小目标实现的结果。所以，如果你集中精力于当前的工作，心中明白你现在的种种努力都是为实现将来的目标铺路，那么，你工作起来就会充满动力，高效执行，收获成功。

没有失败的战略，只有失败的执行

能够坚决执行任务的员工，是公司最需要的员工。

当公司或企业制订了发展目标后，领导就会按照所制订的目标设定战略方案，他们会把所要完成的任务安排给各个部门，各个部门接到任务后会交给负责该项任务的员工。在这些环节当中，每个部门和每个人都要严格地把上级所安排的任务执行到位，也只有这样才能圆满地完成公司整体的目标。很多知名企业和公司之所以把高效执行看得很重，就是因为他们都深深地认识到，一家企业或公司有没有超强的执行力，将决定他们是否可以在如今这个竞争激烈的市场中继续生存。

一家软件公司的技术部开发出了一种新产品，为了打造这个当时处于领先地位的产品，这家公司投入了大量的人力和物力，经过技术人员的不断尝试，这个新产品预计在年底上市。年底时，当公司准备把新产品推向市场的时候，另一家公司却提前2个星期推出了相同的产品。这样一来，该公司不但以前所花费的时间和资源全部白费，而其新产品也失去了价值。该公司因为这次巨大的损失陷入困境，为了节省开支只得降低员工的工资。该公司的新产品原本可以最先进入市场、抢得先机，可因为部门领导以及员工缺乏高效执行力而耽误了时间，使新商品的上市期延后，最终导致公司陷入困境。

一个团队以及个人的执行力会直接影响到公司的整体业绩和效率，如果公司里每一名员工都能坚决地高效执行上级所安排的任务，那么，在节省了时间的同时，公司的运转程序也会更加完善。

其实我们所说的"高效执行"，并不仅仅只是员工按照上级的安排去做事这么简单，员工还要有时间规划能力、标准设定和岗位行动能力。"时间规划能力"是指当员工接受一项任务的时候，在高效执行的同时还要为自己完成的时间制定期限；"标准设定"是指员工要对自己的任务制定一个标准，然后在预定期限内完成任务，同时，不能忽略所完成任务的质量；"岗位行动能力"是指员工对自己所在岗位应有热情和工作积极性。员工只有将以上三种能力结合到一起，才会产生最有效的高效执行力。

有些领导认为，一家企业或公司的执行能力不强，是因为员工没服从领导提出的要求，其实这样的想法并不完全对。如果一名员工只接到了领导所安排的任务，却没得到准确的完成时间和标准，是很难出色地去执行的。如果下发任务的领导能把员工所要完成任务的时间和标准进行详细的说明，并在员工完成任务期间给予鼓励和帮助并进行定期的检查，那么，接到任务的员工就更有可能坚决地高效执行并出色完成任务。当然，并不是所有员工在得到详细的完成时间和标准以及领导的帮助和定期检查后，就可以高效执行并完成任务，这还要看他有没有完成这次任务的能力，领导一旦发现这名员工不具备完成任务的能力，就要及时找到合适的人来完成。所以说，一家公司的员工是否具备高效执行能力，还和负责分配任务的有关领导有着很大的关系。

现今，很多公司产生困难的原因有很多时候并不一定是战略问题，员工失去高效执行能力也会给公司带来很大的麻烦。

在沃顿加入公司的三年当中，他一直在尽心尽力地工作，现如今，他已经从一名普通的员工升为了人力资源部的总监。虽然在公司工作了三年多，他对所有事情都非常了解，可最近所发生的事情让他感到很困惑。

公司总经理在与同行交流的时候得知了一种"360度考核法"，他觉得这种考核方法对公司的好处很大，就安排沃顿马上实施这个方案，总经理对沃顿说："我觉得我们公司考核的方法流于形式，大家都在评分，却没有真正将不同员工区分开来，有很多员工对工作的态度不正确，可无论他们的工作表现是积极还是消极，他们所得到的分数都是5分，这样不利于激发员工的工作积极性，所以说我们要把工作态度也放在考核项目中。"

接受总经理的任务后，沃顿很快就编出了一套"360度考核制度"和具体的实施方案。

实施方案的第一步是组织6个部门经理和2个总监开会探讨如何实施这套方案。下达通知后，沃顿坐在会议室里等待参会人员。开会的时间已经过了10多分钟，人还是没有到齐，又过了一会儿，大家才不紧不慢地来到了会议室。这样的事情已经不是第一次了，每次开会大家都是这样。

人到齐后，会议终于可以开始了。可前来开会的人根本就不把会议当回事，大家懒散地坐着，似听非听，有的人甚至还打起了电话。会议进行了一个多小时，没有人提出异议，沃顿认为这套方案可以马上实施了。

可事情远远没有沃顿想象中那么简单，实施方案已经发下去快一周的时间了，没有一个人配合沃顿的工作，他们都以各种借口推脱着责任：有的人说工作太忙，没有多余的时间；有的人说最近需要出差，过段时间再说……

一时间，沃顿陷入了非常被动的境地，他为此事感到困惑，不知道自己应该怎么做才好。他找到了总经理，把整件事情对总经理讲了一遍，可总经理并没有对他做出明确的指示，沃顿没有其他办法，只能继续做大家的工作，希望经过自己的努力可以让事情出现转机。

其实，沃顿面临的问题就是公司员工缺乏高效执行意识。一家公司的员工若缺乏高效执行意识，会直接影响到整个公司的运营，成为阻挡公司发展的最大障碍。

安德鲁·罗文1881年毕业于西点学校，作为一名军人，他在完成工作时表现出的高效执行力，值得我们每一个人学习。

美国与西班牙交战时，美国总统意识到只有让自己的军队和古巴的军队进行配合，才有可能获得战争的胜利。总统想派人与古巴的加西亚将军取得联系。

总统问瓦格纳上校："在哪里可以找到能把信送给加西亚的人？"

瓦格纳上校回答说："我知道一个人能完成这个任务，他是一名年轻的中卫，他的名字叫安德鲁·罗文。"

总统采纳了上校的建议，派罗文去送信。

当上校找到安德鲁·罗文并把任务交给他的时候，罗文知道这项任务极其重要，同样也充满了困难。但罗文没有一点犹豫和疑问，他接受了任务，并保证全力完成。

这次送信的任务充满了挑战，没有人知道加西亚将军在什么地方，在寻找加西亚将军的途中充满了危险，罗文经常会听到，传送情报的战士牺牲的消息。但他丝毫没有退缩，反而更加认识到执行这项任务的重要性。

到达古巴的最佳途径就是牙买加。罗文踏上了前往牙买加的路，经过9个多小时的艰苦行进后，来到了丛林中的小房子前，他找到了格瓦西奥·萨比奥做向导。

越接近古巴，罗文的处境就越是危险，因为在古巴的海岸线上，经常会出现西班牙军队的巡逻舰艇。如果被他们抓住，不但这次任务不能完成，连自己的性命也很难保住。尽管这样，他还是没有动摇完成任务的决心，最终，他克服了种种困难，成功地把信交给了加西亚将军。

完成任务的罗文收到了总统的表扬信，总统赞扬罗文是一名勇士，勇敢地完成了他的使命，可罗文认为自己所做的一切都是天经地义的，因为只要是任务、是命令，就一定要坚决地服从、高效地执行并以最大的努力去完成。

有很多员工之所以不能成功地完成上级交给他的任务，很大一部分原因是因为他们服从命令不坚决，高效执行不到位，还总给自己的失败找借口。而优秀的员工，永远都会用积极向上的态度面对工作，即使遇到挫折也不会找任何借口来推脱自己的责任，他们会用乐观的精神面对困难，及时调整自己，高效执行任务。懒散的员工对工作的态度则是相反，他们不能用积极的态度去面对工作，每当遇到困难的时候，他们总是表现得很消极，既不能高效执行，同时完成不了找各种借口，推脱责任。其实这样做是错误的，久而久之你的工作自然就会被别人顶替。

如果一家公司的员工缺乏高效执行力，那么，公司所有计划

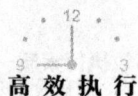

都会变得难以实施。有很多员工这样说："其实企业与企业之间的竞争，就是执行力的竞争。"他们说的不无道理，一家公司如果没有良好的高效执行能力，那么所有的计划和发展都会成为泡影。许多公司中的员工，本身工作能力很强，各方面的条件也都不错，可唯一欠缺的就是高效执行能力，他们不能按照领导的意思去完成工作，总是喜欢按照自己的想法做事，这正是他们最终执行力不强的原因之一。一个员工要想成为一名卓越的员工，不但要有工作能力，还要具有高效的执行能力，只有这样才能得到更多的发展机会，最终取得成功。

我们可以看出，执行力对员工是否可以成为一名优秀员工的影响是极大的。执行力虽不是与生俱来的，但要想锻炼出自身高效的执行能力，首先就要拥有正确的执行心态。

曾有一名企业高层领导这样说："正确的执行心态、充分利用执行工具、良好的职业角色观念、有效的执行流程，是一个企业打造高效执行力的四大基石，没有以上四项组合，很难产生高效的执行能力。"企业是这样，员工个人也是如此，员工只有把握好自己的工作观念，调整好自己对工作的心态，才会产生良好的高效执行能力。

为了让员工更加清楚地了解并拥有良好的执行能力，我们可以把高效执行分解成以下六种态度。

第一，要拥有主动工作的心态。

第二，要拥有不拖延做到底的心态。

第三，要拥有坚韧不拔、遇事不退缩的心态。

第四，做事要有激情。

第五，做事要努力。

第六，要拥有责任心。

只要做到以上几点，就一定可以锻炼出良好的高效执行能力。

所谓"主动心态"，就是说对于一切工作都要主动去承担，因为机会是给主动的人，如果工作不积极主动，就很难得到表现的机会，比如，如果你不主动和同事进行沟通，同事也不会对你有所了解，更别说是给予帮助了。所以说，不管是在工作中还是在生活中，人都要保持主动的心态，积极与人沟通，勇敢迎接挑战，这样才能获得发展的机会。

"不拖延的心态"是指，在接受了领导安排的任务后，一定要第一时间投入工作，不要找任何理由来拖延时间。拖延是工作的大忌，如果员工在规定时间内没有开始执行或不能高效执行，很多时候拖延足以把一件原本可以取得成功的事变成失败。拖延对员工是极具破坏性的，它可以把员工具有的其他工作能力毁于一旦。员工一定要做到"今日事、今日毕"，绝不把需要完成的工作向后推，在接受工作后，要马上行动，在最短的时间内高效完成自己的工作。

要想成为一名优秀的员工，最好的办法就是努力工作，拥有永不放弃、坚韧不拔的心态，这也是所有成功人士总结出的经验。

还有很重要的一点，就是做工作一定要有激情。每个优秀员工对自己所做的工作都应充满激情。激情是工作的动力，是形成良好的执行力的基础。

此外，努力是每个员工都应该做到的事，无论员工职位高低、能力大小，都要让自己时刻保持努力心态。很多员工心里都会有这样的想法：自己赚多少钱，就应该做多少工作，只有这样才对得起自己。其实这样的想法是错误的。因为如果员工只为眼前所得到的工资做事，那他的职位永远都不会有所上升，相反工资也会越拿越少，最终等待员工的一定是下岗。反之，如果员工努力工作，让自己成为卓越的员工，那一定会收获更大的价值。

富有责任心，不仅仅是对公司员工的要求，也是对生活在这个世界上的每个人的要求，只有拥有责任心的人，才能做好每一件事，无论大小。员工拥有责任心，就会有服从纪律的意识，会坚决执行领导给自己安排的工作，并以非常严格的标准要求自己，最终完成。

在上下级的关系中，坚决执行领导的命令是必须的，这也是领导能够顺利开展工作最关键的一点。所以说，一名合格的员工，其高效执行能力是综合的工作体现，每个员工都应将自己高效执行能力不断提高，这样才能更好地工作。

不为失败找借口，只为成功找方法

活在借口里就是活在失败里。

成功人士大都是这样的人：不为失败找借口，只为成功找方法。

员工无论是在普通的岗位上，还是在重要的职位上，都应秉承一种负责、敬业的精神，一种服从、诚实的态度，在工作中表现出完美的高效执行能力，这样的员工不仅是企业最需要的人才，同时自己也会取得事业上的成功。

在今天，有些员工的身上滋生出了一种自由散漫、不受约束、不负责任的毛病。他们认为，谋求个人利益、实现自我发展才是天经地义的事，而忘了只有责任感才能够让个人的价值得到最大的实现，他们不懂不具备尽职尽责精神的人，是不会取得工作成就的。

那些不具备尽职尽责精神的员工，不能严格要求自己，也不认真负责地履行自己的职责。他们对待岗位制度和公司纪律，在内心深处持抵触情绪。他们以玩世不恭的心态对待工作和职责，稍有不顺利就频繁跳槽。他们在团体中，如果没有外在监督，根本就不能主动、自律工作。他们对自己的工作推诿塞责，固步自封，以至年华空耗，事业无成。

就像生活总是会给每个人回报的，工作也是这样，员工只有培养起自己尽职尽责的工作精神，具备"不为失败找借口，只为成功找方法"的态度，才会让自己的工作出色。

对工作和自己的行为百分之百负责的员工，他们是值得企业管理者信赖的，也因此能获得企业及同事更多的敬重。

在一个工厂的入口处，有一支生了锈的大铁钉被丢弃在那里。员工们从其旁边进进出出，于是发生了下列几种情形：

第一种员工视若无睹，抬脚横跨而过；第二种员工看到了铁钉，也意识到它可能产生的危险，不过这种员工认为别人会捡起来，不用自己多事，只要自己小心，实在不必自找麻烦，于是视若无睹，改道而行；第三种员工认为自己现在太忙，还有很多事情需要解决，等办完事后再来处理那根铁钉；第四种员工则抱着事不宜迟的态度，马上弯腰捡起铁钉并妥善处置，然后再进工厂。

一个小小的铁钉揭示了员工们的心态：第一种员工是浑浑噩噩度日的人，完全没有觉察环境的变化，直到下岗时，可能还不了解原因。第二种员工虽有警觉，由于自私，一切行动以自己的利益为准，"只扫自家门前雪，不管他人瓦上霜"。第三种员工是消极推脱的人，他们还会为自己的推脱行为找出许多理由。第四种人是积极负责的人，这种类型的人具备问题意识和忧患意识，具有责任感。这种员工正是企业最需要的人才。

你可能听说过这样一个故事：身为美国总统的杜鲁门曾在其办公桌上摆着一个牌子，上面写着"问题到此为止"，这说的就是责任。总统有总统的责任，员工有员工的责任。对于员工来说，如果总是用借口推脱责任，就永远不会成为一名优秀的员工。

有人说，假如你非常热爱工作，那你就生活在天堂；假如你非常讨厌工作，那你就生活在地狱。因为在你的生活当中，大部分的时间是和工作联系在一起的。你对工作的态度决定了你对人生的态度，你在工作中的表现决定了你在人生中的表现，你工作中的成就决定了你人生中的成就。所以，如果你不想荒废自己的人生，就不要在工作中给自己找任何借口。

任何一位员工在接受老板或上司分派的任务时，都应该清楚地认识到，只有认真、负责地把任务完成才是最好的结果。那些去问老板应该如何做，或者对老板说自己出于某些原因无法完成任务的人，都是为自己找借口，其自身的能力也得不到提升。

有一位成功学家这样说道："工作中没有任何借口，就是要求你无论遇到什么样的环境，都必须全力以赴地去完成工作任务。如果没有完成任务，也不能为自己的失败找借口，因为执行没有借口，失败也一样没有借口。既然结果已经产生，那还要找借口做什么。"

在工作或者生活中，人们做事情是否能取得成功，在很大程度上取决于是否给自己的失败找借口。这也是成功者与失败者之间的一种区别，成功人士总是以最积极的思考、最乐观的精神来对待自己的工作；失败的人则刚好相反，他们消极对待工作，得过且过对待工作，为自己的失败找借口，例如"我被某些难缠的事情耽搁了""我因为这段时间太累，所以……"等等。

　　小王是一个成功的销售人员，在公司的员工表彰会议上他这样说道："我不在工作中给自己找丝毫借口，我认为工作最关键的是结果，即使失败也要总结，重新来过。"是啊，工作没有成功，只能说明出现问题，但不能以此为借口替自己开脱。当自己没有完成工作任务时，要找方法、找对策，最终将其完成。因为对于老板们来说，做事的过程是员工应该考虑和努力的，他们需要的只是工作结果。

　　很多人在工作中寻找各种各样的借口来为自己遇到的问题开脱，并且养成了习惯，这是很危险的。做工作不能找任何借口，就是敢于承担责任的表现。所以，工作中不管遇到什么困难，都应该坚持永不放弃，不找借口，不为自己的失败而开脱，这是一种真正的敬业精神，也是对工作的负责，对自己的负责。

　　借口或许会让人暂时"逃避"了困难和责任，获得些许"心理安慰"。但是，"借口"的代价却无比高昂，它带给员工的危害一点不比其他恶习少。"借口"就是要推卸责任的托词，它会使人形成不负责任、甘于失败的心态。

　　当然了，在工作中员工会遇到许多难度较大的任务，在这个时候应该做的是想尽一切办法去解决困难，而不是寻找上级解决，或寻找借口为自己的失败开脱。

只要能把借口摒弃，不去寻找任何借口来推卸自己的责任，你所做的工作或者你所接受的任务都会有机会获得成功。因为不找借口就是锐意进取的表现，是有责任心的表现。有一位成功学家说："一个积极进取、富有责任心的人，无论如何都能克服一切困难，保证完成任务。"所以，要想做一名优秀员工，千万不要在工作中找借口，应该把找借口的时间和精力用在解决问题努力工作上。工作没有借口，人生没有借口，失败没有借口，成功属于那些不寻找借口的人。

以最积极的态度高效完成任务

员工以最积极的态度高效完成任务是一种负责的工作态度，是一种凡事占据主动的习惯。

刘莉莉最初在一家小公司做销售工作，有了一些经验之后，她觉得这家公司已经不能满足她的发展需要。由于出色的业绩，她很快就被一家大公司录用，但是在这里需要从底层做起。刘莉莉认为自己能做到销售总监的位置上去。于是，在别人拜访一个潜在客户的时候，她利用数倍的时间拜访十个；在别人完成了自己的销售任务就不再继续做的时候，她超额完成任务，还对客户进行了有效的分析，从销售的角度，给公司的产品提出很多建议，使公司产品不断得到改进，受到越来越多的客户欢迎，公司业务不断扩大，刘莉莉也很快成为了华南地区的大客户经理。

　　跟刘莉莉一起进入公司的同事很羡慕她所取得的成绩，但是刘莉莉并没有因此而满足，她的目标是销售总监。在接下来更加繁忙的工作中，刘莉莉多次主动和生产中心的同事沟通，对已经有很好的销售市场的产品，策划了一场以市场导向为主的商业推广会，会上很多客户和经销商都对公司的产品有了更加深刻的印象，订单像雪片一样源源不断而来，不久，刘莉莉被破格提升为品牌总监，负责公司主要产品的销售和品牌建设。

　　刘莉莉的主动工作使她获得了更多成功的机会，同时她也取得了更多的成功。由此可见，一名员工如果想在工作中做出优异的成绩，就必须积极主动地做工作，而不能一味等或靠。

　　员工在工作中要保持主动工作心态，让工作成为自己的一种追求，而不是每天"混日子"。员工若缺乏挑战工作的心态，不能主动工作，只能是不断"跳槽"换工作。

　　所以，如果你是一名新员工，刚工作，就要养成自动自发的工作习惯，即使开始时你的能力并不是最强的，但只要积极主动工作，每天就会有所进步，过不了很久，就一定能做出业绩。

　　很多员工工作时没有雷厉风行的作风，一项工作布置下来，不是马上行动，而是先在那聊会儿天，或不着急干。在完成工作的过程中，由于对自己没有严格的要求，能拖则拖，本该两个月完成的工作，半年以后也许才刚刚进行了一半。这样的员工在公司是很难立足的。

在某家公司手机研发部工作的琼斯最近一直比较郁闷，一个同事见他一副愁眉不展的样子，开玩笑地说："琼斯先生什么地方都好，就是太不知足了，咱们部门作为研发部门，只要完成公司下达的研发任务就可以了，咱们的薪水本身比生产和销售部门都多，咱们应该高兴才是！"

另一个同事也说："在研发方面，琼斯你是专家，公司靠着你，你怕什么，为什么整天思虑重重的样子？"

琼斯说："我不是因为工作是否能完成而焦虑，而是觉得我们这样整天坐在办公室里，除了完成公司交给的任务，难道自己不能开发点什么吗？现在市场竞争这么激烈，我们能不能主动做一些工作，给公司拿出一些新颖的创意来？"

那些劝琼斯的同事们都觉得公司已经成为全球最大的手机开发商，完全没有必要担心市场竞争，但琼斯还是暗下决心，自己要在完成公司任务的基础上努力工作，让公司的产品在自己的研发下取得突破。

不久，琼斯就研发出一款多媒体手机，生产后投放市场反响非常好。公司老板对于琼斯积极主动的工作态度很是赏识，不久，琼斯就被提升为研发部的总监。

琼斯不仅在积极主动工作的过程中实现了自身的价值，而且还得到了晋升的机会，更重要的是在工作的过程中，琼斯体会到了积极主动工作的快乐。

有些时候员工的努力付出并没有被上司发现，也没有得到相应的回报，但即使这样也没有必要沮丧，可以换一个角度想想："现在积极主动工作，并不是为了眼前的回报，而是为了将来自身更好的发展，是为了让自己的能力不断得到锻炼和提高"。员工一定要把眼光放得长远一些，因为积极主动地工作不是为了求回报，是为了让自己在未来工作中获得成功奠定基础。

美国"钢铁大王"卡耐基说："有两种人永远都会一事无成，一种是除非上司要求他去做，否则决不主动工作的人；一种是即使上司要求他去做，也做不好事情的人。而那些不需要别人催促，就会积极主动去做应做的事情，而且不会半途而废的人，一定会成功。"

对于积极主动的员工来说，很多事情都是不用上司交代的。

赵丹是一家杂志社的编辑，每到开选题会的时候，赵丹都收集好相关的资料，做出自己的策划方案。

部门里还有一位同事，一到给他分配选题的时候，总编就头疼。这个同事跟赵丹完全不同，总是有很多问题要问：选题的侧重点是什么，请多少个名人合适，在哪里搞活动效果好……面对这样的下属，再有耐心的上司也会"烦"，因为这些本来都是下属应该发挥主观能动性自己去解决的事情，下属却喋喋不休地问上司。

每个上司都希望自己的员工能够积极主动地工作，而且是带着思考去工作，而不是每一个细小的问题都要请示。对于领导布置的任务，如果领导说一点才做一点，不说干脆就不做的员工，领导是不会欣赏的，上司不希望自己招聘来的员工都是"电脑型"员工，没有指令就不会工作。企业真正需要的员工，是充分发挥自身智慧和才能去工作的员工。

每一个员工都应该牢牢记住：上司聘你来工作，是要你为公司创造利益的，你应该时刻想着，用自己的才能和高效执行能力去工作，去创效益。

那么，员工应该怎样才能做到积极主动地去工作呢？

一、具备主人翁意识，把公司当成自己的公司，把公司的事情当成自己的事情，并为之尽心尽力。一个跟公司同患难共风雨的人，对公司是尽心呵护的，就像是在呵护自己的爱人和家。员工想使自己的家庭富裕美满，生活越来越好，作为家里的主人，他知道该怎么去努力并为之付出。同理，员工对待自己所属的公司，若能百分之百付出，并与公司荣辱与共，他肯定会为公司的发展积极工作，不用任何人的监督和督促。

二、摆正个人与公司的关系。公司与个人的关系是大河和小河的关系，是"一荣俱荣、一损俱损"的关系。只有公司不断发展，员工的薪水才能不断增加。如果公司这条"大河"里都没有了水，员工这条"小河"又怎能水源充足、肥美滋润呢？因此要把员工的目标与公司的目标统一起来，这样员工才能积极主动地去工作，才能对工作尽职尽责，这样公司的目标达到了，员工的职业目标也就会实现。如果员工对工作敷衍了事，就无法得到公司的信任，迟早会公司被淘汰，更别说实现个人的理想和抱负了。

三、培养敬业精神，积极主动工作。敬业不仅是一种职业生存方式，还是一个人职业道德的表现，敬业要求员工尽心尽力地工作，高效执行，积极主动地承担起责任，忠于职守。员工只有具备了这样的敬业精神，才能把工作做好，才能使自己得到发展。

增强高效执行能力的几个方法

> 员工增强高效执行能力需要从两方面着手：努力做好今天的事；学会管理时间。

员工要想增强自己的高效执行能力，可以从下面两方面着手。

第一，努力做好今天的事。

"明日复明日，明日何其多"，这个道理人人都知道，可为什么有些员工有拖延症呢？这是因为这些员工经常这样想：今天的事情没做完并不要紧，我还有明天呢，工作要慢慢地做，这样才不会出问题。的确，做工作踏实没错，可有些员工之所以这样说，是给自己找"拖延"的借口，他们真的踏实地完成工作了吗？没有。这样的"借口"只能毁掉自己的前途，在失去工作的同时也会失去别人的信任。

在一个美丽的森林里居住着一群美丽的小鸟，这个秋天的阳光格外明媚，小鸟们欢快地歌唱，辛勤地劳动。其中有一只小鸟长着一身漂亮的羽毛，它用嘹亮的歌喉尽情地演唱着。当自己的同伴在辛勤劳动的时候，它却在一边卖弄着自己，而且还嘲笑其他小鸟。好心的同伴提醒它说："你不要每天都这样了，赶快建一个属于自己的窝吧，冬天马上就要到来了，到时候你会被冻到的。"

这只美丽的小鸟听完同伴的劝告后，并没有采取行动，它回答说："你们不用着急，冬天还早着呢，今天的天气是多么的晴朗，我们应该尽情地玩才对。"

这只美丽的小鸟始终都在推迟着建窝的时间。很快冬天就到来了，其他小鸟到了晚上都躲进自己之前建好的窝中，享受窝里的温暖和安全。但这只漂亮的小鸟却无处可去，它被寒风吹得浑身发抖，于是它想：明天我一定要建造一个温暖的窝。可到了第二天，当太阳暖暖地照在了它的身上，它就完全忘记了自己的诺言，又开始尽情地歌唱玩了起来。

好心的同伴又开始劝它说："白天趁着天气还不是很冷，你赶快建个窝吧，不然，等到晚上你又要在寒风中度过了。"

同伴的劝告换来了这只漂亮小鸟的嘲笑，它怀着神气的语气说："你真是个不会享受的家伙，真是一个笨蛋。"

温暖的阳光落下后，寒冷的夜晚到来了，这只漂亮的小鸟冻得冷冷的，又发下誓言：明天建窝。然而一天天过去，它始终没有建起自己的窝。不久后的一个夜晚，大雪突然降临，当其他同伴在窝里躲避严寒的时候，这只美丽的小鸟只能在外面忍受寒冷。天亮了，太阳出来了，这只美丽小鸟却被冻死在树洞里面了。

这个寓言故事，告诫人们做事千万不要拖延，要认真对待每一天，否则，等待人们的只能是拖延带来的危害。

第二，学会管理时间。

珍惜时间的人，今天就是今天，所以今天应该完成的事坚决不会留给明天。很多员工没有做好今天的事，拖到明天，结果明天一无所获。所以说，学会管理时间，努力完成今天的每件事，就可以增强自己高效执行的能力，让自己工作有大的发展。

诺兰·布歇尔被人们称为"游戏之父"，当有人问到他是如何取得这么巨大的成就时，他是这样回答的："成功的关键在于克服自己的惰性，让自己行动起来，学会管理自己的时间，答案就是这么简单。很多人有很好的想法，但他们没能取得成功的关键就是不会管理自己的时间，有拖延问题，不能立即付诸行动。真正的成功者一定是强有力的行动者，绝不会是什么空想家。"

人如果总是空想是永远得不到自己想要的结果的，只有学会管理时间，让时间为自己服务，高效做好每件事，才能实现自己的目标。

俄国著名的作家列夫·托尔斯泰曾这样说过："记住，只有一个时间是最重要的，那就是现在。它之所以重要，是因为它是我们唯一能有所作为的时间。"

依文斯出生在一个贫困家庭中，在很小的时候他就不得不靠给人打工来维持生活。在经过很多年的磨炼后，他决定鼓足勇气开始创建自己的事业。但是他的命运充满坎坷，创业后不久，依文斯存有全部财产的银行倒闭了，他不但失去了自己所有的财产，还欠下了一大笔外债。

依文斯实在接受不了这个现实，他绝望了，在巨大的压力下他的身体也垮掉了，他总会莫名其妙地昏倒。他被送到医院接受检查，结果是他身患绝症，最多活不过两个月。得知自己的病情后，依文斯意识到了生命的宝贵，他想，自己应该轻松地过完剩下的日子。

不被压力困扰的依文斯在以后的时间里过得非常轻松，而这种轻松的心态居然创造了奇迹，两个月过去了，依文斯的病情没有恶化，再过了一段时间，他居然找到工作了。经过这次的考验，依文斯明白了生命的宝贵、时间的重要，也明白了困境可以打倒一个人，但人如果不被困境所困，就可以战胜困境。人只有把握好今天、把握好现在才是最重要的。怀着这样的心态去工作，依文斯不仅进步飞快，而且将之前的很多想法付诸实践，他不浪费一丝一毫的时间，没过几年他又成为一家公司的董事长。

所以说，一个人要想增强高效执行的能力，非常重要的一点是一定要做好今天的事，做好当下的事。

时间不仅是生命，也是机会，人要学会管理好自己的时间。

发生在比尔·盖茨身上的可以激励我们的例子实在是太多了，下面这个例子是他年轻的时候发生的一件事情。因为种种因素的影响，盖茨开始对人生感到困惑，为了使自己走出困惑，重新获得自信，他特别希望能当面请教美国著名教育家本杰明。他找到并拨通了本杰明的电话，非常诚恳地说了自己的想法，本杰明答应了他的请求，和他约了一个时间见面。

盼望已久的时刻终于到来了，盖茨准时来到了本杰明家的门口，可眼前发生的一切让他感到十分惊奇：本杰明家的门敞开着，里面一片狼藉。盖茨突然觉得是不是自己走错地方了？就在他感到疑惑的时候，本杰明出现了，他从那个一片狼藉的房间里走了出来，他对盖茨说："实在是对不起，你可以在外面等我一分钟吗？"盖茨非常高兴地回答说："当然可以。"本杰明进屋关上了房门，过了一分钟后开门把盖茨请进了屋。走进房间，盖茨被眼前的一切惊呆了，刚才还一片狼藉的房间已经变得一尘不染，茶几上还摆了两杯刚刚倒上的红酒。

本杰明端起红酒走到盖茨面前说："来吧，我们把这杯红酒干了后，你就可以离开了。"盖茨愣住了，他对本杰明说："我们还什么也没有谈呀？"本杰明看看房间的四周说："可你进来已经有一分钟了呀！""一分钟？"盖茨仔细地想了想，突然醒悟过来，他非常激动地对本杰明说："非常感谢你让我明白了一个人一分钟能做多少事情，一分钟对人来说有多么重要。"盖茨把杯中的红酒一饮而尽后，向本杰明深深地鞠了一躬，兴奋

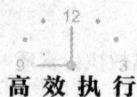

地离开了。

在此后的日子里，盖茨非常珍惜时间，更加认真地把时间投入到学习和事业中。当他遇到困难的时候，他不但没有退缩，而且还时刻提醒自己：把握时间，抓住时间，干更多的事。最终盖茨成功了。

时间就是生命，抓住了时间就等于充实了自己的生命，就等于提高了做事的效率。上天给予人们的时间是有限的，当它过去后是永远不会回来的。

很多员工抱怨，上天没有给他机会，没有留给他足够的时间，其实他们不知道，曾经有多少个好机会摆在他们面前，他们没能把握住而已；上天给他们的时间和所有人是一样的，但因为他们拖延，浪费了时间，所以，最终承受失败痛苦的人是他们自己。

时间就是机会，人要学会管理好自己的时间。如果员工能将时间进行合理的分配，那么工作不仅会变得高效，还会变得轻松。任何人的精力都是有限的，人是否可以顺利地实现自己的理想和目标，在很大程度上取决于人们可不可以有效地分配并管理好自己的时间。很多时候，当人们决定去完成一件事情的时候，一定要把自己大部分精力集中于这件事情上，因为只有集中精力才能使力量不会分散，而把所有的力量集中到一起，专注地做一件事情，才会有所成就。管理时间也是一样，只要合理安排时间，把自己每天、每时甚至每刻要做的事认真地进行规划，就不会浪费时间。一个高效执行的员工，一定是一个懂得管理时间的人，他可以根据每件事情的重要性来决定自己应该先去做哪件事情，这样一来，不但能提高工作效率，还能有条有理地将每件事逐一完成。

生活中，我们经常会遇到这样一类人：他们明明和他人事先预约好了时间，却不能准时地出现，还会为自己的行为找各种各样的借口。这种没有时间观念的人，其实是浪费了他人的时间。

还有一类人，无论他们的时间多么紧迫，可一旦答应与别人见面后，他们就一定会准时到达。这些人对"迟到"两个字特别反感，因为他们深知这一行为是对对方的不尊重，是浪费别人的时间，也有损于自己的品德。他们是如何做到守时的呢？答案就是合理地安排时间。比如，他们会计算好从出发地点到达与人见面地点所需的时间，并且把所有可能发生的事（如堵车、给车加油、整理自己的行装等等）所要消耗的时间都计算在内，这样所有的事情就都会按照他们的计划去进行，他们自然可以做到每次都准时赴约。

一位商业人士曾说过这样一段话："在我开车的时候，每当遇到红灯，我就会把当天的报纸拿出来，看看那些值得关注的新闻，以便了解世界上正在发生的事情。与此同时，我的耳朵也没有闲着，我习惯上车后就播放一些课程的录音带，以便'自我充电'。如果我的精神有些紧张，我就会放一些轻松欢快的音乐。当我心里有了新的创意和'好点子'后，我会利用等红灯的时间，把它们用笔记录下来。比起那些一遇到堵车和红灯就心情急躁甚至破口大骂的人，我这样的做法是不是更具有创造性呢？"

合理利用时间，会产生极大的好效果，会给人们带来巨大的收益。

我们或许都见过这样的场景：一名学生利用等车的时间补习外语，一个公司职员利用排队买东西的时间向别人推销自己公司的产品。这些人其实都是在合理地运用时间，天长日久，他们这样做一定会得到收获。

如果人不能有效地利用时间，并将其进行合理的分配，就会导致大量的时间被白白浪费掉。相信谁都不愿意做一个充满悔恨的人，所以每个人都应该马上采取行动，分配并管理好自己的时间，做一个做事不拖延、拥有超强执行力的人！

正确的工作态度是高效执行的助推器

左右一个人行为的不是外在环境，而是他的工作态度。

工作态度决定员工的执行能力。员工以怎样的态度面对工作，就会得到怎样的工作结果。所以，想提升自己的执行力，工作态度正确十分必要。

首先，要培养"坚持就是胜利"的工作态度，要相信只有不屈服于困难，才可以收获成功。

杨根思说："即使有九十九个困难，只要有一个坚持的意志就不困难。"那些能从种种困境中走出，最终取得成功的人，往往都是拥有坚强意志的人。

在一所小学里，一堂作文课上，老师要求大家以"自己的未来和梦想"为主题每人写一篇文章。班里的28个孩子都写出了自己的梦想，有的说自己以后想当出色的飞行员，因为他在玩转盘游戏的时候头怎么转也不晕；有的说长大后要当一名海军军官，因为她很擅长游泳。在这些孩子当中有一个孩子的梦想最引人注意，因为他是一个残疾人，可他的梦想居然是要做一个成功的赛车手，要开着自己的赛车夺得冠军。

这些孩子的作文被他们当初的作文老师收藏起来，转眼间20年过去了，一天这位老师无意间翻开那些作文，突然萌生了一个想法，他想找到他以前的那些学生，想把这些作文还给他们，并看看他们之中有没有人实现了自己当年的梦想。于是，老师便在报纸上刊登了一条广告，广告登出去后没多久，很多人都给这位老师寄来了信件，说很想找到自己小时候的梦想，老师便把他们的作文一一寄了过去。到最后只有一个人没有寄来想要领取作文的信，就是那个残疾孩子。老师还以为他不会来领取了，毕竟20年已经过去了。过了一段时日，这位老师收到了一个著名赛车手的来信。他在信里说："我非常感谢老师能为我收藏这篇作文，这些年来我一直坚信自己的梦想，并且为了梦想不断地努力，从来没有放弃过，如今我的目标已经实现了，我成为了一名很优秀的赛车手，取得了很多比赛的冠军……"

这位老师眼睛潮湿了。

很多人在很小的时候就确立过自己想要追寻的梦想，但能实现梦想的人却是少数。没能实现梦想的人不是因为他们能力欠缺，而是因为他们岁数小，理想常换。也有一些人在遭遇坎坷或挫折时，选择放弃了自己早年立下的志向，这不能说明什么，但如果少年立志，长大后能实现，这些人应该是让我们尊敬的，因为他们坚持不懈。他们能够不畏艰难，实现自己立下的目标。

一位成功人士这样说："不管做什么事，只要放弃了就没有成功的机会；而不放弃，就会一直拥有成功的希望。"

美国"石油大王"哈默在1956年收购了西方石油公司。在那个年代，石油资源的竞争非常激烈，美国的产油区基本被大石油公司瓜分殆尽，哈默一时无从插手。

1960年，他花费了1000万美元进行勘探却毫无所获。这时，一位年轻的地质学家提出，旧金山以东一片被德士古石油公司放弃的地区可能蕴藏着丰富的天然气，并建议哈默公司把它买下来。于是哈默又筹集资金，在被别人废弃的地方开始钻探。当时很多人都认为，哈默的行为是愚蠢的，那块地里根本就没有石油，否则，德士古公司是不会放弃的。在种种质疑中，哈默仍没有放弃钻探，他坚信自己的选择是正确的。最终他成功了，他发现了加州第二大天然气田，其价值高达2亿美元。

一个人要想取得成功，必然要比别人付出更多的努力。许多满怀信心的人之所以最终走向了失败，并不是因为他们欠缺取得成功的能力，也不是因为他们的目标不明确，而是因为他们缺少坚持的精神，不能将一件事情进行到底。成功者和失败者之间不同之处有很多，但最为明显的就是成功者始终坚持做自己所做的事，而失败者则做不到。爱迪生说："伟大人物的最明显标志，就是他坚强的意志，不管环境变换到何种地步，他的初衷与希望不会有丝毫的改变，最终克服障碍，达成期望的目的。"

员工的工作态度包含冒险精神，因为员工在工作的过程中难免遇到风险，此时应当鼓起勇气进行必要的冒险，这是高效执行取得成功必不可少的条件。

螃蟹冒着大风大雨在海滩走来走去。这时它看见龙虾正准备驾船出海，感到很惊奇。

"龙虾大哥，"螃蟹问，"天气这么糟糕，你还冒险出海？未免太鲁莽了吧！"

　　"当然会有危险，"龙虾说，"不过，我喜欢大海的风暴，因为它可以把我带到美丽的深海里。"

　　"那我陪你一起去，"螃蟹说，"我可不能让你独自去冒险。"

　　于是，龙虾和螃蟹一起出海了，不一会儿，它们就远离了海岸，汹涌的海浪打得小船颠簸起伏。

　　龙虾在狂风呼啸中大喊："螃蟹老弟，对我来说，浪花最能使我兴奋，波涛的撞击简直使我高兴得喘不过气来。"

　　"龙虾大哥，我发觉我们的船好像在下沉！"螃蟹胆战心惊地叫了起来。

　　"是的，一点没错儿，我们正在下沉，这条旧船到处都是裂缝，但是我们要勇敢些，螃蟹老弟，我们都是大海的子孙哪！"

　　一个巨浪过来把小船击翻了，螃蟹和龙虾一起沉了下去。

　　"太可怕了，太可怕了！我真想回到岸边去！"螃蟹惊叫起来。

　　"让我们下去吧。"龙虾说道。

　　螃蟹恐慌不安。龙虾拽着它滑到海底缓步行走。

　　"你看，我们勇敢地冒了这次险，我们终于来到深海了。快看！这里有多么美丽的景色，还有那么多好吃的食物，我们的冒险难道不值得吗？"龙虾兴奋地说。

螃蟹渐渐觉得好受些了。尽管它一向喜欢过安稳的生活，但它不得不承认，这一天虽然历经风险，却是值得的。

这个寓言故事告诉我们，人在争取成功的奋斗过程中，千万不能故步自封，墨守成规，要有敢于冒险的精神。这样不仅可以磨炼自己的意志，也会为自己的发展赢取更多的机会。

生活中我们经常会看到这样一些人，他们总是抱怨自己没有成功的机会。其实，并不是机会没有眷顾他们，而是他们没有勇气去抓住机会。这些人在面对具有挑战性、有一定风险的事情时，还没有开始做，就已经胆怯了，这样又怎能赢取成功的机会呢？很多时候，机遇和风险往往并存，如果人没有勇气去迎接风险，就等于放弃了机会，失去了机遇。

布朗沿着大道朝波特兰走去。他的叔叔在波特兰，是个商人，要给他在波特兰找份工作。夏日里起早摸黑地赶路实在太疲乏了，布朗打算找个阴凉的地方坐下来好好休息一下。没过一会儿，他来到了一口绿树浓荫下的泉眼旁边，这里幽静、凉快。他蹲下身子，饮了几口泉水，然后把外衣折起来当枕头，躺在松软的草地上，他很快就睡着了。

就在他呼呼大睡时，大道上来了一辆由两匹骏马拉着的华丽马车。由于路面很不平整，马硌痛了脚，车子停在了泉眼边。车里走出了一位年长绅士和他的妻子，他们一眼就看到了布朗睡在那儿。

"他睡得多香呀，呼吸那么顺畅，要是我也能那样睡会儿，该多幸福！"绅士说。

他的妻子也感叹道："像咱们这样的老人，再也睡不了那样的好觉了！看那孩子多像咱们心爱的儿子呀，能叫醒他吗？"

"哦，咱们还不知道他的品行呢。"

"看他的面孔，多天真无邪呦！"

"咱们等他醒吧！"绅士的妻子说道。这时，一声马叫惊醒了熟睡的布朗。绅士妻子见布朗醒了非常高兴，便走上前去对他说："孩子，我看见你刚才睡觉的样子真的很可爱，你很像我死去的儿子，如果你愿意，我会收你做儿子，我会让你生活得很幸福。"

布朗听了这个陌生女士的话后，感到非常奇怪，他可以看出这位女士是个富人，如果自己答应她的要求，也许从此便生活幸福。但他又想，这个人会不会是骗子呢？如果她骗自己去做苦工该怎么办？就在他还在犹豫的时候，马车夫嚷起来："快走吧，马好了。"绅士妻子又看了布朗一眼，从她的眼神中可以看出，她是多么希望布朗能答应她的要求呀！

出于担心，布朗没有答应绅士妻子的要求。马车离开了，布朗也错失了这次可以使自己后半辈子都生活幸福的机会。

人遇到机遇时，应积极地去把握机遇，不要因为存在一些风险，便变得畏畏缩缩。这一点，无论是对于生活还是工作都是非常重要的。

工作中除了培养"坚持就是胜利"和"敢于冒险"的工作态度外，还有非常重要的一点，就是要把"无论到任何时候都不要停止进取"的态度贯彻到实际行动当中。

美国哈佛大学教授佛格林斯在分析美国历史进程时指出："其实，我们美国人之所以能够取得今天的成就，很大程度上是因为我们竭尽全力奋斗，无论遇到多大的困难都会继续前进，毫不惧怕失败。"

当一个人具备不达目的绝不罢休的精神时，他就会充满力量，无论道路多么坎坷，他都不会停止前进，困难反而会坚定他取得胜利的决心。

青年时期的史泰龙非常穷困潦倒，他每天睡在他的小车里面，身上只有不到100美金。他当时的梦想就是当演员，于是他就到纽约去找电影公司。

由于史泰龙英语发音不标准，长相平平，他跑了500多次电影公司，都遭到了同一个结果，那就是被拒之门外。当时，他的心里是这样想的："过去失败不等于将来失败，我一定要坚持下去，直到成功。"

史泰龙没有停止前进的步伐，遇到的困难越大，他对成功的渴望就变得越强。

在失败了1500次后，他总结了自己失败的教训，又重新开始行动。

他写了一个剧本叫做《洛基》，并拿着剧本到电影公司推销。到第1800次的时候，终于有一家公司愿意以75000美元买下他的剧本，但公司不让史泰龙参与演出。

当时史泰龙已经没什么钱吃饭了，但为了自己的表演梦想，史泰龙拒绝了公司的要求，这让老板非常惊讶。

一直到第1855次，史泰龙终于当上了演员，他演的第一部电影是自己写的《洛基》。从此他一炮走红，逐渐成为了全世界片酬最高的男演员之一，基本酬金高达2000万美元。

工作中，很多员工在遭到一两次挫折和失败后，便放弃了坚持，这样是永远不会取得成功的。我们要向史泰龙学习，只有具备他那种永不放弃、勇往直前的精神，才能成为一个有所作为的人。

20世纪初期，美国亚利桑那州的一位男子，花费了很长的时间寻找于兹默斯小镇附近的银矿矿脉。

终于有一次，他在一座小山的侧面掘出了一个大约200米的坑道，没想到矿道里的银矿已经被人挖掘一空。这位男子因此放弃了整个计划，心力交瘁的他，不久就带着遗憾离开了人世。

十年之后，一家矿山公司买下了同一片地，并且重新发掘那个男子放弃的矿脉。让人吃惊的是，就在距离矿道一米左右的地方，他们发现了从未有过的丰富银矿。

假如那名男子能坚持下去，那么，他就很有可能发现这个银矿，也就不会带着遗憾离开人世。很多事情就是这样，如果能坚持住，在遇到困难时，往前多走一步，就可能会尝到胜利的果实。

俗话说："逆水行舟，不进则退。"人生是一个不断前进的过程，生命不息，奋斗不止，在不断的奋斗中，人生会得到极大的充实。人如果没有敢于进取、敢于拼搏的心态，必将一事无成。

成功不能靠等待。如果人终日守株待兔地生活，寄希望于运气，那么，热情和精力都将在消极等待中丧失殆尽。被动等待是对生命的巨大浪费，上天总是把机会留给那些积极进取的人。

美国历史上著名的总统林肯从小生长在偏远的乡村丛林边，远离学校、教堂、铁路，那里没有报纸、图书，甚至连日常生活的必需品都很匮乏，更谈不上生活中的种种享受了。每天林肯必须步行几个小时到一所简陋的学校去读书，林肯必须在荒野中跋涉几十里山路才能借到一些他想看到的书，然后，不顾一天的劳累，借着柴火的光阅读。

但林肯从不消极地面对任何事情，就是这种严酷的生活环境造就了美国历史上一位伟大的总统。

无论任何时候，工作态度决定员工是否是一个积极进取的人。员工不要把成功寄托在等待上面，那样你注定会成为一个失败者，因为机会永远只属于那些积极进取、高效执行的员工。

12

9 3

6

高效执行素质二
带着正能量去工作

→ 让自己成为正能量员工

→ 积蓄正能量成就卓越的自己

→ 优化自己的心态，建立坚定的信心

→ 激情是高效执行的加油站

→ 主动工作就是高效执行

→ 别让"混日子"耽误了前程

→ 将使命融入到工作中

让自己成为正能量员工

正能量的员工充满热情，负能量的员工满腹抱怨。

工作中，我们经常会遇到这样一些员工：当他们遇到困难的时候，总是在抱怨，他们不肯积极地面对现实，不是说老板不好，就是说同事不对。这样的员工总是带给身边的人负能量，任何一个集体都不愿意接受他们。

有些时候，员工在工作中很容易因为分配工作的轻重以及收益的多少，和同事、领导产生一些矛盾。此时千万不要斤斤计较，不要在意自己与别人之间是不是同等的，也不要衡量自己与他人之间的付出谁多谁少，因为对于这个问题，根本就没有明确和具体的衡量标准。既然大家已经在一起合作，就不要把你我分得太清，一味去追求绝对的公平，这样只能使自己和他人之间产生隔阂，最终还会导致合作的破裂。如果你总抱怨自己付出得多，不愿意多做一点点事情，长此以往，同事和领导也会对你产生看法，失去信任，最终你会被大家抛弃。

美国作家海伦曾说过这样一句话："抱怨会使人心灵黑暗，爱和愉悦则使人心生明朗开阔。"

在很早以前，两个兄弟在茫茫的大海中寻找栖息之地，历经磨难之后，他们终于找到了一个小岛，可岛上却没有人烟，到处荒草丛生，不时还会有野兽出没。面对恶劣的环境，两兄弟的意见产生了分歧。在哥哥的眼中，小岛充满了生机，他对弟弟说："我已经决定留在这里了，我相信，尽管这里环境恶劣，可我有能力把它建成一个非常美丽且富裕的岛国。"

弟弟却不是这样想的。他对哥哥说："你看看这是什么地方！到处是荒野，连居住的房子也没有，还经常有野兽出没，这里想改造太难了！"最终弟弟没有留下，他离开了这个小岛，去寻找自己理想中的地方了。

在茫茫的大海中漂泊几天后，弟弟终于找到了一个充满生机的小岛，这里到处开满鲜花，有宽敞的大道、漂亮的房子，岛上的一切都深深地吸引了他。可就在他为自己感到高兴的时候，他发现岛上已经有很多人了，他们在这里生活了很久，这里的一切都是他们建造的。弟弟留了下来。

很快几十年已经过去了，以前那两个年轻力壮的兄弟已经成为了老人。自从那次分开后，兄弟二人就再也没见面。弟弟发展得很好，一天他决定前往那个荒岛去看望哥哥。当他到达那个曾经的荒岛的时候，他被眼前的一切惊呆了：这里到处都是漂亮的房子、整整齐齐的田地，还有很多活泼的小孩在开心地玩耍。弟弟不相信眼前的一切是真的，他以为自己走错了地方，正当他在犹豫的时候，一个神态自得的老人朝他走了过来，弟弟一眼就认出来是哥哥。弟弟这才知道，眼前的一切都是哥哥以及后来来岛的人们努力打造出来的。看着眼前繁华的小岛，弟弟无比佩服哥哥。

任何企业的员工，如果不能成为正能量的员工，工作就会抱怨，干劲就不会十足，奉献精神就不够。

有一位智者说，抱怨是最可怕的毒药，它可以让一个人在任何方面都变得消极起来。

相反，优秀的员工从不抱怨，他们总是对工作充满热情，以积极的心态面对困难和挑战。

　　尼采、柏格森等哲学家认为，生命的本质就是激昂向上、充满创造冲动的意志。人一定要使自己的生命充满活力和热情，要使工作充满热忱和欢乐。要让自己内心充满正能量，这样就能高效执行。

　　正能量是一种强大的力量，它能使人保持清醒，使人克服一切阻碍去实现心中的目标。

　　正能量是人类所有伟大成就取得过程中最具有活力的能量，它能使战士拔剑而出，为正义而战；能使科学家潜心钻研，开拓出人类文明前进的道路；能使文学家拿起笔，写下他们伟大的思想。

　　著名音乐家亨德尔年幼时，家人不准他去碰乐器，不让他去上学，哪怕是学习一个音符。但他对音乐的热情是无法阻挡的，于是他半夜里悄悄地跑到秘密的阁楼里去弹钢琴。莫扎特孩提时，成天要做大量的苦工，但是到了晚上他就偷偷地去教室聆听风琴演奏，将他的全部身心都投入音乐之中。巴赫年幼时只能在月光底下抄写学习的东西，连点一支蜡烛的要求也被父母蛮横地拒绝了。当那些手抄的资料被没收后，他依然没有灰心丧气。同样地，皮鞭和责骂反而使儿童时代充满热忱的奥利·布尔更专注地投入到小提琴的学习中去。

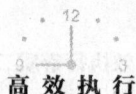

正能量是工作的灵魂，甚至就是生活本身。一个人如果很难从每天的工作中找到乐趣，仅仅是因为要生存才不得不从事工作，这样的人对待工作也不会是全身心的。

人类活动的每一个领域，都在呼唤着满怀正能量的工作者。看看那些发明家、艺术家、音乐家、诗人、作家、英雄、人类文明的先行者、大企业的创造者，无论他们来自什么地区、身处什么时代，他们无不是充满正能量的人，无不是高效执行的人。

我们欣赏以满腔热情工作的人，欣赏那些将工作中的奋斗、拼搏看作人生的快乐和荣耀的人。如果员工不能将自己的全部身心都投入到工作中去，无论做什么工作，都可能会沦为平庸之人，毕竟最好的劳动成果总是由高效执行并具有正能量的人完成的。

正能量，是所有伟大成就的取得过程中最具活力的因素。它体现在每一项发明、每一幅书画、每一尊雕塑、每一首伟大的诗、每一部令世人惊叹的小说之中。它是一种积极向上的精神力量。

正能量是一种取之不尽、用之不竭的财富，人付出的越多，得到的也会越多。生命中最大的奖励并不是财富的积累，而是由正能量带来的精神上的满足。当员工努力地工作，并使自己的老板和顾客满意时，他所获得的利益就会增加。正能量体现于人的方方面面，行为上，语言上，正能量是一种神奇的力量，它足以吸引老板、同事、客户，它是员工工作成功的基石。

成功与其说是取决于人的才能，不如说是取决于人的正能量。对于充满正能量和进取心的人而言，无论前途看起来是多么坎坷，他们总是能够把心中的理想图景变成现实。

此时我们不妨问问自己：我是一个总是在抱怨的人还是一个充满激情的人呢？在工作中，我是一个传递正能量的员工，还是一个传递负能量的员工呢？员工只有让自己成为一个充满正能量、积极向上的员工，才能克服困难，取得事业上的成功。

积蓄正能量成就卓越的自己

> 正能量源自内心，它是打败消极情绪、提升自身能力、使自己卓越的最佳动力。

在职场中，很多员工由于受工作强度大、工作难度高的影响，承担着很大的工作压力。巨大的压力使他们的内心受到压抑，甚至导致他们的心态变得封闭。

我们知道，一个人驾驭自我的能力往往表现在其应变能力上。这里所说的"应变"，不仅仅是指外界环境和处理对策的思考，也包含着如何让自身发生变化，尤其是思维模式的拓展和思维方法的改进。

在一本心理学著作里，有这样一个故事：一群人去寻找大法师，希望从他那里获得解决难题和达成愿望所需的勇气、决心和智慧等。但大法师只告诉了他们一个简单的法则："打开你封闭的心，找到你自己所需要的力量，你就能够无坚不摧，无所不到。"其实这个大法师的意思是说，每个人都有来自自己内心世界的力量，只要激发出这种力量，就能够解决自己所面临的一切困难。

正视现实，思考对策，最终解决问题，这一系列过程都需要勇气、方法、决心和智慧。而这一切都藏在我们的内心世界里，这种力量需要人们不断积蓄以及挖掘。

有一个"扫阳光"的故事，说的是兄弟二人，年龄不过四、五岁，由于卧室的窗户整天都是密闭着，他们认为屋内太阴暗，看不见外面灿烂的阳光。兄弟俩商量说："我们可以一起把外面的阳光扫一点进来。"于是，兄弟两人拿着扫帚和簸箕，到阳台上去扫阳光。

等到他们把簸箕搬到房间里的时候，里面的阳光却没有了。他们这样在外扫了许多次，但屋里仍是一点阳光都没有。正在厨房忙碌的妈妈看见他们奇怪的举动，问道："你们在做什么？"他们回答说："房间太暗了，我们要扫点阳光进来。"妈妈笑道："只要把窗户打开，阳光自然会进来，何必去扫呢？"

这个故事告诉我们，把封闭的"心门"打开，成功的"阳光"就能充满身心。

无知、偏见、优柔寡断、不专心、懒散、高傲、自卑感、依赖心、失败主义、精神不安、迟钝、不认真、不负责、急躁、缺乏理智等所有的负面心理，都是使人内心受到封闭的原因，积聚多了，就成为一种压抑身心的消极能量。但是，如果我们积蓄正能量，就能打败负面能量，人也会变得积极。

例如，高傲可以成为一个人自信的来源。但至于高傲与自信的区别，在于自信是一个人有自觉把事情处理好的能力，是一种正能量，而高傲则是一种高估自己、轻视他人的心理倾向，是负能量。一个高傲的人如果能更加客观地认识自己和他人，就能将高傲转化为自信，拥有积极向上的心理正能量。

比如，依赖心本身也是一种负面的能量，但如果运用得当，可使自己觉得需要他人的帮助，同时也知道有帮助他人的必要，有依赖心的人如果能养成互相帮助的习惯，也是一件极好的事情。

比如急躁，本非好事，但如果在需要立即采取行动的紧急情况下，或在想要克服困难时，急躁的性格反而可能成为一种积极的力量，促使人迅速行动起来。

比如，犹豫这种个性会对人的工作和生活造成一定影响，但假使一个人为了顾全大局，能够不断地检讨自己，就能避免因一时冲动而鲁莽行事。有时这也会是一种可贵的优点。

如上所述，尽管人都有缺点，但只要把缺点转变为优点，心中的负面能量就可以转化为正面的能量。

人的成长过程是一个逐步认识自我、确定自我的过程。每个人都有自己特定的个性，但并不是每个人都能认识到这一点，或者即便认识到这一点，也未必马上就能确定适合自己的那种特性。因为人生在某种程度上是一个自我创造自我完善的过程。

有些人无时无刻不在躲避自己，在他们看来，如果他们见到了自己真实的一面，那他们的生活就是一片黑暗。正是受此影响，他们总是会把"了解自己"看成"了解自己的消极面"，其实这种想法是片面的，人应该全面了解自己，对自己有正确的评价。

积蓄正能量就是接收积极的、正面的、有益的事物，而不是总幻想着客观环境或者他人能根据自己的意愿而改变。员工在面对工作中的问题时，要正确看待，该改变自己改变自己，该克服困难克服困难，而不是等、靠或逃避，这才是解决问题的最根本的方法。

　　有一位研究人员在一所著名的大学中选了一些运动员做实验。他要这些运动员做一些他们无法做到的运动，还告诉他们，由于他们是国内最好的运动员，因此他们会做到的。

　　这群运动员被分成了两组，第一组到了体育馆后，虽然尽力去做，但还是做不到。

　　第二组到体育馆后，研究人员告诉他们第一组失败了。"但你们这一组不同，"研究人员说，"把这个药丸吃下去，这是一种新药，会使你们达到超凡的水准。"结果第二组运动员很容易地完成了那些困难的动作。

　　"那是什么药丸？"第二组的运动员问道。

　　"不过是些普通的粉末而已。"研究人员回答。

　　第二组之所以能完成不可能的动作，是因为他们相信自己能够做到。所以，如果人相信自己能做到，那么人就会拥有无限潜力，有时就真的能够做到。

　　伯尼·马科斯是新泽西州的一个贫穷的俄罗斯人的儿子，亚瑟·布兰克生长在纽约的中下层街区，在那里，他曾与少年犯为伍。布兰克15岁时，他的父亲去世了。布兰克说："在我成长的过程中，我一直确信生活不是一帆风顺的。"

1978年，布兰克和马科斯在洛杉矶一家五金零售店工作时，双双被新来的老板解雇了。第二天，一位从事商业投资的朋友建议他们自己办公司。马科斯说："我发现这个主意并不是妄想，我们可以把它变成现实。"

现在，马科斯和布兰克经营的公司，在美国迅猛发展的家用设备行业中处于领先地位。马科斯说："当你绝望时，你就要认识到你才是自己的敌人，只要你能战胜你自己，你就能战胜一切困难。"

要战胜自己，首先要让自己有正能量，因为没有正能量的人是没有办法让自己正视困难，克服困难的。许多人就是因为负能量占据了心灵，所以消极怠惰。这种人认为自己活在世界上，只配看那些运气好的人取得成功，一旦他们遭遇一次失败，便以为自己一辈子也没有办法得到成功的幸福。人如果有这样的心态，是不可能克服任何困难，取得任何成绩的。

所有的成功者都是能够让自己保持正能量的人，相反负能量的人，他们对待人生、对待工作的态度往往是消极的，这也是为什么有些人在经历了很多艰难困苦之后能够从平凡走向卓越，而有些人始终无法获得成功的很重要的一个原因。

优化自己的心态，建立坚定的信心

心态决定命运，一个人只有拥有好的心态，才会有好的未来。

可以说，人的心态在很大程度上决定着他未来的命运。拥有良好心态的人，更有可能拥有好的未来；反之，那些对生活不抱有太大希望，心态消极的人，其未来往往也是灰暗的。

心态良好的人，对自己的未来始终充满信心，始终坚信自己一定能取得成功，哪怕是面对任何突如其来的困难，也不会因此而失去追求美好未来的动力。

每个人的未来其实都掌握在自己的手中，如果能控制好心态，对生活充满热爱，任何时候都不悲观，这样的人就能拥有美好的人生。

有些人认为，未来是什么样子没有谁会知道，要看上天怎样安排。当他们有这种想法以后，会因此放慢追求进步的步伐，甚至有一部分人还会因此而变得堕落，丧失对生活的信心。他们觉得自己的命运反正是上天注定的，如果人生是痛苦的，那即便自己再怎么努力也无法改变，既然这样，不如听从命运的安排。

这样做显然是错误的。因为既然未来是无法预测的，你又怎么会知道自己的未来一定是痛苦或者是美好的呢？虽然人无法预测自己的未来会是什么样子，但如果内心坚信自己的未来是美好的，就会因此而产生前进的动力，产生不怕困难解决困难的能力。人可以通过努力创造未来，通过挑战获取成功的机会，而自甘堕落，结果只能是失败。

从某种意义上说，如果人想知道自己的将来会是什么样子，就要从了解自己的心态开始。人的心态决定了人的行动，而人的行动恰恰可以决定人未来的发展。心态悲观、消极，未来便不会阳光明媚；心态积极、正能量，未来会是一片光明。因此，无论到任何时候，我们都要牢记这一点：命运永远掌握在自己的手中，心态是决定未来的关键，人要有好心态，千万不要因为受到某些不良事物的影响，而让自己的心态变得消极颓废。

吉尔·金蒙是一名很优秀的滑雪运动员，她在年轻的时候就已经很有名气了，很多的杂志封面上都采用了她的照片。她的目标就是能取得奥运会金牌，很多人都认为她一定会成功。她积极地为参加奥运会而做准备，然而，1955年1月发生的一场悲剧让她的愿望化成了泡影。她在参加奥运会最后一轮预选赛的过程中，发生了一场意外。

那天她在滑雪道刚滑了一会儿，就感觉有些不对劲，突然她的身子一歪，失去了平衡，她用尽全力试图调整自己，可是一切都来不及了，巨大的惯性无情地把她推下了山坡。

在医院进行艰难的抢救后，她终于保住了生命，可是一个残忍的事实摆在了她的面前：她肩膀以下的部分永久性地瘫痪了。

金蒙非常清楚，她不能这样生活下去，她要重新找到属于自己的生活，她相信自己一定可以战胜病魔。经过不懈的努力和坚持，她的病情有了好转，她不仅学会了自理，还在加州大学洛杉矶分校选修了几门课程，并且下定决心要当一名教师。可是因为她的身体条件，想当一名教师需要克服的困难实在是太多了：她不会走路，也没有受过教学方面的培训。很多人都认为她不适合当教师，但这些人的看法没能动摇她要成为一名教师的决心，她坚信自己一定能取得成功。

1963年，她被华盛顿大学教育系录用，由于她的教学方法新颖独特，很快就受到了学生们的欢迎。金蒙虽没有得到奥运滑雪金牌，可是她却得到了另一种理想中的人生。

面对不幸，吉尔·金蒙并没有放弃希望，良好的心态促使她坦然地接受了残酷的现实，与此同时，她还向未来发起挑战，最终取得了美好的人生。

有一个盲人，他为自己的缺陷无比烦恼沮丧，他认定这是上天在惩罚他，他认定自己一辈子都不会有什么出息了。因此，他开始对身边的事物不满起来，开始悲观厌世。直到有一天，他遇到了当地一名知名的教师，这位教师听了他的心事后，说："每个人都是被上帝咬过一口的苹果，都是有缺陷的人。有的人缺陷比较大，遭遇的痛苦比别人多，那是因为上帝喜欢他的芬芳。"

听完这段话后，盲人开始对自己的缺陷有了新的认识，也对自己的人生做了新的安排。他认为他的残疾是上天对他的考验，也是对他的挑战。他开始改变自己对生活的态度，他一天天振作起来，决定走出悲观的世界，向命运发出挑战。几年过去了，如今这个盲人已经成为一个很有名气的按摩师，事业做得红红火火，前途也是一片光明。

无论是生活还是工作，人都不可能永远顺利，当你身处不如意的环境中时，千万不要因此而变得消沉，要时刻保持积极的心态，勇敢地面对挑战，这样才有机会扭转局面。

曾有专家做过这样一个调查：他们对两个学历、能力、爱好等各方面因素都比较相近的人做了长期的跟踪调查，经过调查后发现，两个人的生活状态取决于他们的心态。其中一个人之所以能取得成功，过上幸福快乐的生活，是因为他遇事永远都会用积极乐观的心态去面对。而另一个人始终生活在压力之中，虽然他取得了一些成就，但压力让他觉得生活是那么的压抑，他丝毫体会不到成功带给他的喜悦和幸福，这就是消极心态给人带来的影响。

良好的心态是人们取得成功的基石。一位伟大哲学家这样说道："要么你去驾驭命运，要么让命运驾驭你。而驾驭命运的关键，就在于拥有积极的心态。"

文心在一所非常有名的大学里读书，她的成绩一直都很优秀，她也觉得凭借自己的刻苦学习和不断努力，将来一定能取得不错的成就。可谁知毕业以后，她却被分配到了一个非常偏远的小城市里工作。每天面对着烦琐、平淡的生活和工作，在很长一段时间里她都无法接受这一现实。

文心不甘心自己的才华就这样被埋没，更不甘心一辈子都过这样的生活，于是她把自己全部希望都寄托在了考研究生上面。但事情并没有像她想象中那样顺利，似乎上天也在和她作对，本来对自己很有信心的她，竟然落榜了。面对如此巨大的打击，文心没有放弃，她调整心态，重新认识自己，克服了气馁的情绪，再次捧起了书本，继续学习。

很快，文心又一次迎来了残酷的现实，她又失败了，这次的打击几乎将文心推向了崩溃的边缘，她的人生陷入一片灰暗之中。落入困境的文心经过一番思考后又重新振作起来，她坚持前进，最终她成功地考试上了研究生。是乐观面对困难的心态使文心改变了自己的命运，踏上了通往成功的道路。

任何人的一生都不可能一帆风顺，挫折和失败人人都会遇到，但这些不是我们怨天尤人、自甘堕落的理由。人的一生原本就是一个不断战斗的过程，为了在事业上取得成功，为了让自己的生活过得更加幸福，积极面对现实，乐观地去解决问题，这样才可能实现自己的目标。对于生活中出现的不利因素，要用良好的心态去面对，因为任何困难都怕阳光心态。反之，心态不好，没有自信，一点小小的困难也会成为难以逾越的鸿沟。

在美国纽约，有一个在零售业中响当当的人物，他的名字叫伍尔沃夫。伍尔沃夫在年轻的时候，家里非常的贫困，当时他只能靠在农村工作来维持自己的生活，他经常吃不饱饭，甚至连衣服都没有。后来他取得了成功，他成功后说："我成功的秘诀就是让自己的心灵不断充满积极思想，仅此而已。"他的话值得我们去思考，人如果不能用积极向上的心态去面对生活和工作，那么，是不会取得成功的。

伍尔沃夫在最开始创业的时候，身无分文。他是靠向别人借来的几百美元开始创业。最开始他在纽约开了一家所有的商品的价格都是5美分的零售商店。可店里的生意一直都不好，每天的营业额也是少之又少，没过多久，他就坚持不下去了。他没有办法，只好把商店关了，他的第一次创业以失败而告终。

可他并没有放弃，在此之后，他又先后开了4个店铺，其中3个都是和以前一样，没法经营下去，都一一地关掉了。这个时候的伍尔沃夫已经到了崩溃的边缘，他几乎已经放弃了，可就在这个时候他的妈妈来到了他的身边，给了他很多鼓励，一直在他的身边支持他，改变他的心态，使他恢复信心。在妈妈的帮助下，他继续为实现理想努力地奋斗着。最终他成功了，他成为了非常优秀的商业家，他还以自己的名字在纽约建立了一座当时世界上最高的大厦。

一个人的心灵就像是一块"田地"，如果你在此播下的是良好心态的"种子"，那你收获的也一定会是成功的"果实"；相反，假如你播下的是一颗消极心态的"种子"，那么你所收获的"果实"也一定是负面的。所以，只有优化自己的心态，建立坚定的自信，才能以积极的心态创造美好的未来。

激情是高效执行的加油站

一个对工作满怀激情的人，一定是一个高效执行的人。

我们常常听到有员工抱怨："工作真辛苦！真希望不用工作。"但是，工作是人们赖以生存的手段，也是人们得以实现自我价值的载体，世界上任何一个人都必须通过工作来生活。工作诚然是辛苦的，但世界上没有任何工作是不用付出便能有所收获的，人要想做出一番成就来，就必须工作。其实，只要你能喜欢自己从事的工作，把工作过程当成一种乐趣享受，那么，工作对你来说，就会成为快乐的源泉，再苦再累你也不会感觉到辛苦。

有一个人在大学毕业后来到北京，当时他可以说是身无分文，住的房子里面除了一张床、一个桌子之外，什么东西也没有了，他平时的一日三餐都无法保障。他找了一份销售的工作，刚开始的时候一个月只能拿到几百元的底薪，认识他的人都劝他还不如换一份技术类的工作，这样工资会相对高一些，可是他却说："我认为做销售更适合我，也更有前途，虽然现在的生活是有些困难，可这只是暂时的，等我的销售技巧熟练了，我一定可以拿高薪的。"

后来的事实证明了他的决定是正确的，三年之后，他每个月拿到的工资已经是他当初的5倍了，他还升到了销售经理的位置，并且拿到了公司的股份，他的前途可以说是一片光明。这个时候，他不无感慨地说："幸亏那时我没有换其他工作，否则我肯定不会取得今天这样的成绩。其实，我坚持做销售的最主要原因还是我喜欢这样的工作，人只有热爱工作才能将之做得更好，也才能成功！"

乔·吉拉德以连续12年平均每天销售6辆汽车的纪录荣登"吉斯尼世界纪录大全"，并被称为"世界上最伟大的推销员"。人们都惊叹他何以能取得这样突出的成就。

有一次，有个人问吉拉德是做什么的，吉拉德说自己是汽车推销员。

对方听后不屑一顾地说："你是卖汽车的啊？"

乔·吉拉德听出了对方语气中的轻蔑，于是大声说道："是啊，我以自己是个推销员为荣，我爱我的工作。"

《致加西亚的信》中的主人公罗文说，当他一穿上军服，浑身上下就会充满无穷的力量，仿佛一匹随时可以奔向草原的烈马，四肢有力，目光锐利，头脑活跃。一旦接受了某项任务，他就会全心全意地去完成，任何困难都难不倒他。他热爱他的工作，这就是他的力量的源泉。

在罗文完成把信送给加西亚这项任务之前，他已经完成了几项看起来根本不可能完成的任务，这也就是阿瑟·瓦格纳上校坚定地向总统推荐他去送信给加西亚的理由。

世界上任何成就的取得，都离不开激情的力量，激情是高效执行的加油站。人要使自己对某一件事情焕发出激情来，首先必须对它有热爱之情。乔·吉拉德以自己是一个推销员为荣，罗文一穿上军装浑身就充满无穷的力量，正是因为他们拥有热爱之情，他们才会取得别人望尘莫及的成就，完成别人认为根本不可能完成的任务。

有这样一个人，从出生的那一刻起，世界呈现在他眼前的就是一片漆黑。为了生存，他继承了父亲的职业——花匠。

他听人说花是五颜六色、姹紫嫣红的，可是他却看不到这些，他只是在有空的时候，用指尖去轻轻地触摸着花朵，然后把鼻子凑过去小心地嗅一嗅花香。他在自己的心里勾勒出了各种花的娇态，并给不同香味的花添上了不同的色彩。

他比任何一个人都要更爱花，他每天都要给花浇水，隔一段时间还要拔草除虫。他手边总是准备着一把伞，下雨的时候就替花遮雨，太阳毒的时候就替花遮阳……他对花如此呵护备至，使得很多人都觉得奇怪：仅仅是花而已，值得这么做吗？不过，他的花确实是全城里长得最好的。从他的花圃经过的人，大老远就能闻到一股醉人的花香，于是人们也总会停下脚步来，欣赏一番满园的玫瑰、菊花、牡丹……那些花五彩斑斓，每每让人流连忘返。

花匠也许是再普通不过的职业了，而盲人花匠用自己的热爱和心血，让花长得分外娇艳。由此可见，人只要真心热爱自己的事业，就会对自己所做的事情充满激情，如此持续不断地坚持下去，就一定能够做出让人惊叹的成绩来。

比尔·盖茨说："当我还是少年时，我的朋友就教我许多有关电脑的知识，并鼓励我建立信心，我很幸运地在年轻时就发现了自己的兴趣，所以我直到今天依然对工作抱有激情。"

对工作是否具有激情，这首先是一个态度问题。许多人对自己所从事的工作感觉不到喜欢，一遇到棘手甚至难以应对的问题时，便有畏难情绪，这是因为他们缺乏激情。因此，要想让自己在工作中得心应手，并取得骄人的成绩，最迫切的就是要培养自己对工作的热爱，进而产生激情，并在激情的推动下去克服困难，解决问题，高效执行。

激情属于人的一种意识状态，当人处在这样的一种状态时，身心都会充满活力，并会采取积极的行动，进而使工作与生活不再显得辛苦、单调。另外，激情还可以感染到每个和你有接触的人，让他们也充满激情。

事实上，一个做事有激情的人，是心中有信念的人。那么，对于每一个追求成功的人来说，该如何培养起自己对工作的激情呢？以下步骤可供参考：

（1）制订一个明确的目标。

（2）清楚地写出达到目标的计划，以及为了达到目标你愿意付出的代价。

（3）以对成功的强烈渴望作为达到目标的动力，让目标成为你心中最重要的一件事。

（4）立即高效执行计划。

（5）坚定地照着计划去做，遇困难不退缩，更不半途而废。

（6）如果遭遇失败，应再仔细地研究一下计划，必要时加以修改，不要因为一时失败放弃计划。

（7）以积极的心态面对计划执行过程中的困难和挑战，务必使自己保持乐观态度。

（8）切勿在过完一天之后才发现一无所获。应将激情培养成一种习惯，而这种习惯需要不断地强化。

（9）要树立自己必胜的信念，自我暗示是培养激情的有力力量。

人都不甘于默默无闻，都渴望自己能拥有精彩的人生。那么，就让我们在工作中生活中保持激情，激情会为我们注入无限的正能量。

主动工作就是高效执行

主动，才能抓住一切机遇；高效，是达成目标的手段。

主动是一种遇事积极面对的态度，是一种勇往直前的精神。主动就是要积极地去找事情来做，而不是被动地等待别人的安排。布恩·皮肯斯说："主动是一个优秀的人最重要的品质，任何时候你都必须主动出击。"只靠等待是很难得到机会的，只有主动去争取，才能为自己赢得更多的机会。而不主动工作的人，也是不能高效执行的人，这样的人注定一事无成。

主动和拖延是成对立关系的，如果人能始终保持积极主动的状态，那拖延的恶习就无法靠近他，主动就能积极面对事情，自然也就会为自己赢得更多的机会。

人的一生中有着种种的计划和理想，要实现这些理想和计划的首要条件，就是迅速地加以执行，想到做到，让自己立即行动起来。然而，很多人有了周全的计划后，往往不去迅速地执行，而是一味地拖延，甚至一直幻想，让自己停留在最初的位置，让别人抢占了先机，造成自己计划破灭。

1918年，鲁迅在《新青年》杂志上发表短篇小说《狂人日记》时，第一次采用了"鲁迅"这个笔名。当好友问鲁迅这个名字有什么含义时，鲁迅说："用这个名字的原因之一，是取'愚鲁而迅速'之意。"

鲁迅认为自己比较笨拙，无论是做学问或者做事情，效率都赶不上天分较好的人。在这种情况下，只有更加勤勉，做事迅速，才能在一定时间内，收到和别人一样的效果。

凡事拖不得。鲁迅的写作经验就是"马上行动"。他在《马上日记》中写道："……然而既然答应了，总得想点办法。想来想去，觉得感想偶尔倒也有一点的，平时接着一懒，便搁下了。如果马上写出，恐怕倒也是杂感一类的东西，于是乎我就决计：一想到，就马上写下来，马上寄出去，算作我的画到簿。"他还在逝世的前一个月，写过一篇叫《死》的文章，说由于生命产生了"为先前所没有的"、对一切事情"要赶快做"的想法，"因为在不知不觉中，记得了自己的年龄"。鲁迅经验的可贵就在"马上"和"要赶快做"这两方面上。

一个只有梦想而不主动出击的人，是很难获得成功的。有许多才华横溢、天赋出众的人，他们终其一生也没有为自己的梦想做些什么，原因就在于他们空有梦想却不能采取实际行动，以至碌碌无为。这些人常常太过在意外部的阻力，他们以为，自己既无法控制这些因素，也无法得到任何帮助，于是，他们将自己的失败归咎于他人和环境。而事实上，失败的原因在于他们缺少主动性，没有主动，就没有高效执行。

乔治斯·克莱芒索曾这样说过："要靠别人说服才会采取行动的人不是实干家，真正的实干家必须主动行动。"

维克托·弗里兰克是美国著名心理学家，他之所以能在心理学理论上取得重大的成就，和其积极主动的思考有着直接的关系。

维克托·弗里兰克最初是受洛伊德心理学派影响极深的决定论心理学家，后来，通过在纳粹集中营里经历的一段艰难的岁月，他开创了心理学理论上独具一格的流派。

　　弗里兰克的父亲、妻子和兄弟都死在纳粹魔掌之下，而他本人则在纳粹集中营里遭受了严刑拷打。有一天，他独处于囚室之中，突然间产生了一种全新的感受，也许正是集中营里的恶劣环境让他猛然警醒："在任何极端环境里，人们都拥有最后一种自由，那就是选择自己态度的自由。"

　　弗里兰克的理论是，在一个人极端痛苦而得不到别人帮助的时候，他依然可以决定自己的人生态度。他在最为艰苦的日子里，选择了积极向上的人生态度。面对酷刑，他没有悲观和绝望，反而在脑海中设想，自己在获释之后应该怎样站在讲台上，把这一段痛苦的经历讲述给学生听。正是凭借着这一种积极乐观的思维方式，他在狱中不断磨炼自己的意志，一直到自己的心灵超越了牢笼的禁锢，在自由的天地里任意驰骋。

　　弗里兰克在狱中发现的这个思维准则，正是每个追求成功的人所必须具备的人生态度——积极主动做事。人只有具备了主动出击的精神，才会变得更加坚强，才能在种种困难中获得前进。

　　人如果不想让自己的梦想枯萎，不想让岁月蹉跎，不想给自己的人生留下遗憾和悔恨，就要学会主动出击。一个人给自己制订计划固然是件好事，但如果他只是有计划而没有将其转化为现实，那计划就是计划。人要想成就自己的理想，就要让自己主动出击。只有一步步地前进，才能最终实现目标。

古人有首诗："明日复明日，明日何其多。事事待明日，万事成蹉跎。"这首诗的文字很浅显，却道出了一个很深刻的人生哲理。时间是宝贵的，"一寸光阴一寸金，寸金难买寸光阴。"我们从小就被灌输这样的观念，但我们却总是有意无意地浪费时间。所以，一件简单的事，倘若被自己一拖再拖，那就完成不了；一个很小的问题，一拖再拖，放在那里不去解决，永远也解决不了。所以，主动去做，你会发现，你不是没有能力或没有时间，而是因为你有惰性。

惰性是每个人都有的。只是有的人可以驾驭它，有的人却被其驾驭。不要小看惰性，它往往会给人带来一系列的负面影响。比如闹钟响了，你睡意正浓，于是随手关掉闹钟，继续埋头大睡。久而久之，你就会养成早上不起床的习惯；或许你会因此耽误一场很重要的会议，或者错过一位很重要的客户。长此以往，你的惰性越来越大，你可能会面临失业的命运。

这只是一个小小的例子。但是不主动出击，因为拖延，造成的损失会很大，人生最大的损失莫过于对自己人生的浪费。

　　而成功的人士，都是以一颗积极主动的心去做好每一件事，他们主动地去寻找机会，高效地执行，这是他们取得骄人成就的原因之一。

　　一位古代智者这样说："不要等船开过来，你要主动游过去。"上天对任何人都是公平的，每个人都有成功的机会，只是有些人因不主动没能把握住机会而已。还有一些人把希望寄托在了等待上面，最后落得一事无成。

　　优秀的员工都是自觉主动工作的人。无论员工能力大小，天资高低，他们主动工作，高效执行。

　　主动工作，就是要用积极主动的心态去面对自己的工作。有很多员工在做工作的时候，总是用一种"应付"的心态去对待，他们认为，自己的工作量和薪资成正比就可以了，因此，他们不会主动去多做任何一件事情，更不会主动去将自己所做的事情做到最好。这些人只要稍遇挫折就会等待、放下，最终所得到的结果也可想而知。

　　一个员工做事有没有主动性、有没有追求完美的精神，对所做的事情具有本质性的影响，因为高效执行就是主动工作。

　　例如，在上海有一家做化妆品代理的公司，业务主管让三位员工去做同一件事情：去上海各大商场了解一下最近的化妆品市场情况如何。

第一个员工30分钟后就回到了公司，他对业务主管说，他去了离公司最近的一家化妆品商店，并且向该店里的店员询问了情况，接着就向业务主管汇报了他了解到的情况。

第二个员工1个小时后回到了公司，他说他亲自到某化妆品商店了解了情况，并对一部分产品做了详细的了解。

第三个员工在6个小时后才回到公司，原来他不但去了前两人去的化妆品商店，还去了附近所有的化妆品商店，不但对很多产品做了详细的了解，还一一做了记录。在回来的路上，他还去了一家生产化妆品的厂家，把最近化妆品市场的销售情况也做了了解，他将所了解到的情况全部做了记录，然后才回到公司。

第三个员工的行为，充分表现了他的积极主动做事的态度，而这种态度，正是老板们希望看到的。主动工作的人，善于最大限度地挖掘自身潜力，他们为了达到自己所追求的目标会不停地付出，力求做到最好。

所以，任何一个想要到达事业顶峰的人，都必须具备积极主动、勇争第一的品质。主动工作的人善于自我激励，有种自我推动的力量促使自己努力完成所做的每件事，并且敢于向未知发起挑战。成功的要诀就在于人应主动工作，敢于迎接挑战，并向未知发出挑战。

员工不应该抱有"每天做多做少看自己的心情，或今天没干完还有明天"的态度，这样很容易让人们变得懒惰。员工应该抱有"每天多做""日清日毕"主动精神工作，发挥出自己最大的力量。也许主动工作并不能立刻得到相应的回报，但不要气馁，应该一如既往地去做。这样回报会在不知不觉之中来到你的身边。比如，事业越做越顺利，朋友越来越多，家庭越来越和睦等等，都是主动付出所收获的结果。

员工只有让自己时刻保持主动，才能使自己在不断进步中变得更加优秀。员工无论到任何时候都不要让自己产生拖延的心理，因为拖延是立即行动的克星，人一旦产生拖延的心理，行动力就会减弱，执行就不会变得高效。而时刻保持主动出击，随时准备迎接新任务的到来，才能尽最大努力将工作完成到最好。

一位著名企业家说："谁年轻的时候没有过幻想？想入非非是青春的标志。但是，年轻的员工们，一定要记住，人总是要长大的。天地是如此的宽阔，世界是如此的美好，等待你们的不仅仅是一对幻想的翅膀，更需要一双踏踏实实的脚！"一个人如果没有行动只是一直在幻想，他就永远不会成功，只有把自己的想法付诸行动，才能实现自己的梦想。

有一个野心勃勃却鲜有作品的作家说："我的烦恼是日子过得太快，而灵感却不愿意光顾我的大脑，所以我一直写不出像样的作品来。"接着又说："写作是一项极具创造性的活动，要有灵感才行，这样才会有兴致写下去。"

写作确实需要创造力，但另一个写出畅销书的作家，他的秘诀是什么呢？他是这样回答的："我有许多作品必须按时交稿，所以无论如何不能等到有了灵感才去写，那样根本不行。我一定要想办法让自己的笔尖在纸上划动。这个办法就是我先定下心来坐好，拿一支铅笔乱画，想到什么就写什么，不让自己停下来，我一直去写。用不了多久，在不经意间，便已经文思泉涌了。"

当你决定去做一件事情后，应该马上去做，"以后"、"明天"、"下个礼拜"、"将来某个时候"或"有一天"，往往就是"永远也完不成"的同义语。很多人的计划天衣无缝，可就是无法将其实现，因为当他们应该说"我现在就去做，马上开始"的时候，他们却说"再等等，一会儿我会去做的"。

波利先生每个月的收入是1000美元，但他每个月的开销也要1000美元，收支刚好平衡。波利夫妻都想多存些钱，但是他们往往会找些理由拖延行动。他们总是说："加薪之后再开始存钱"、"还完房贷后就开始存钱"、"度过这次难关后一定要开始存钱"等等。结果他们总存不上钱。

最后还是波利的太太主动行动了，她对波利说："你好好想想，到底要不要存钱？"波利回答说："当然要呀！但是现在就是剩不下来钱。"波利太太下了决心，她说："我们不要再拖延了，必须现在就开始行动，我们有存钱的想法已经有好几年了，但现在却连一分钱都没有存下。我今天看了一个广告说，如果每个月存100元，15年后就有18000元，外加6600元的利息。所以现在开始，每月你把10%的薪水给我，我存起来，无论怎样都不许用它，我想，只要我们真的这么做了，一定可以存下钱来。"

波利夫妇为了存钱，最初的几个月当然吃了不少苦头，他们必须尽量节省，才能留出这笔钱，但现在他们却觉得"存钱和花钱一样快乐"。

无论什么事情，主动去做才会有结果，优秀的人不是"计划大师"，而是怀有主动行动精神的人。

别让"混日子"耽误了前程

"混日子",日子是很快就会过去的;而前程却是干好工作,一天天累积起来的。

积沙成丘、集腋成裘的道理每个人都懂,但是很少有人能把这些道理化为行动,而有些人之所以成功,就在于他们把这些道理真正运用在生活、工作中。

人如果每天往自己的存钱罐里装一元钱,若干年之后就会得到一笔不小的资金。成功也是这样的一个过程。财富的积累是一步步的,成功的积累也是一步步的。

王越毕业后到一家公司做文职,没多久,老总想让他做销售经理。当王越听到这个消息时,他找到老总对他说:"我在销售上一点经验都没有，恐怕难以胜任。"老总说："没关系，我可以教你如何在最短的时间内胜任这个职位。"

老总说完之后，王越又不解地问老总："为什么会让我来做这个位子？"老总说："做任何事都需要一种长期坚持的精神，每天进步一点点就可以获得意想不到的收获，而我在选择这个位子上的合适人选时，看到的就是你有一种坚持不懈的精神。"原来，公司招聘时，老总在一个偶然的机会看到王越的简历上写着自己最大的优点就是对目标有一种执着的精神。这个优点正好被老总看中，所以，老总就让下属和王越接近，了解王越的工作态度。

当老总得知王越不是一个很富有的人，但是他能够坚持每个月都要往自己的银行账户里充100元钱作为日后的创业基金时，老总觉得自己要选的就是这样的一个人，而且在一段时间内，老总还发现王越每天下班之后都要在厂区跑步锻炼身体，风雨无阻，这就更增加了老总对他的好感。于是，他决定任命王越当销售经理，给这个年轻人一个锻炼的机会。

事实上，老总在做出这个决定的时候遭到了一些人的反对，但在老总看来，一个人没有经验可以在工作中历练，但不能坚持

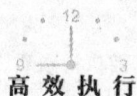

到底的人绝对不会在公司最需要他的时候和公司站在一起。

老总的这一决定事后证明了老总的慧眼识人。销售部在王越的带领下工作做得很有起色，到年终时，销售额竟然比上一年增长了30%，这让公司里的同事和领导赞叹不已。

其实，生活中的许多事说难也不难，关键就是看人能不能把它坚持做好。有的员工缺少持之以恒的信念，明明知道应该做什么，应该怎么做，却坚持不下来，最后只能是浑浑噩噩地"混工作"。

任何员工所做的工作，都是由一件件事构成的，甚至是小事构成的，因此对工作中的大事小事都不能采取敷衍应付或得过且过的工作态度。

很多时候，一件看不起来微不足道的小事，或者一个毫不起眼的变化，却能让自己的人生发生翻天覆地的变化。所以，员工在工作中，对每一件工作都要全力以赴地把它做好。

希尔顿饭店的创始人康·尼·希尔顿对他的员工说："大家牢记，千万不要把忧愁摆在脸上！无论饭店本身遇到多大的困难，大家都必须从这件小事做起，让自己的脸上永远充满微笑，这样才会受到顾客的青睐！"确实，正是这小小的微笑，让希尔顿饭店的服务得到众多顾客的认可。

生活中，许多小事里往往蕴藏着大道理，所谓"一滴水里看世界"，哲理正在于此。古人说："一屋不扫，何以扫天下？"如果一个人一开始就把自己定义为一个"扫天下"的人，而对自己身边的小事不屑一顾，那他就等于放弃了在小事中锻炼自己的机会，也就放弃了让自己向目标靠近的机会。

工作中，想当然是不行的，没有一定的工作积累往往难有经验。所以说，经验是由做工作积累起来的，人给自己一个很高的定位是好事，但没有脚踏实地的工作作风，定位再高、目标再远也是一座空中楼阁。

工作中，疏忽、敷衍、偷懒、轻率都会给自己和工作造成悲剧。员工如果养成了"混日子"的恶习，做起事来就不会踏实肯干，高效执行。员工一定不能轻视自己的工作，轻视工作，工作的效能就会降低，事业也不会有大发展。

员工在做事的时候，要抱着踏实认真和追求尽善尽美的态度做工作，这样才能走向成功。很多公司培训新员工强调树立理想、标准、进步的信念，目的是希望公司具有这样素质的人才。

有人说："轻率与疏忽所造成的祸患不相上下。"工作中，有些人之所以失败，就是败在做事轻率这一点上。这些员工对于自己所做的工作不认真，得过且过，总觉得自己是一个做大事的人，殊不知，小事做不好，大事又怎能做好。很多人在选择工作时挑三拣四，认为找大公司、好的岗位可以发挥自己的本领，然而，一旦进入"实战"他们往往败下阵来，眼高手低、好高骛远让他们品尝到工作给他们的"反击"。

从龟兔赛跑的寓言中我们知道，竞赛的胜利者之所以是笨拙的乌龟而不是灵巧机敏的兔子，是因为乌龟有着坚持不懈的精神，它知道自己的实力不如兔子，就不敢有丝毫的懈怠。而那只自以为跑得快的兔子，认为自己有先天的优势，所以它放松了警惕，结果却败得一塌糊涂。所以说，在生活的世界里，任何梦想都是要有一定的恒心才能够实现。

英国著名作家杰克·伦敦的成功就是建立在坚持之上的。就像他笔下的人物马丁·伊登一样，坚持、坚持、再坚持。他抓住自己的一切时间，比如，坚持把好的字句抄在纸片上，有些纸片要么插在镜子缝里，要么别在晒衣绳上，还有的放在衣袋里，以便随时记诵。他不仅成功了，他的作品还被翻译成多国文字，在书店中被摆放在显眼的位置。他的成功是他坚持的结果。

一个人的成功往往不取决于其聪明，而取决于坚持，取决于恒心，取决于日常的经验积累。

在一所教堂里做牧师的著名博士哈特格伦斯曾经问起一位年轻人是否知道南非树蛙，年轻人坦白地说："不知道。"

博士诚恳地说："如果你想知道，那你可以每天花五分钟的时间阅读相关资料，这样，五年之内你就可以成为最懂南非树蛙的人，你会成为这一领域中最具权威的人。"

对于博士的话，那位年轻人当时不置可否，但他后来常常想起博士的话，觉得博士所说真的很有道理，于是他就坚持去做自己想做的事，结果几年之后，他真的有所成就。所以，我们如果也能做到每天坚持做事，那么，我们也会有所成就。即使把每天五分钟的时间有效地利用起来，我们也会发现自己可以取得很大的成就。

在今天，有些员工每天"混日子"，这种做法就是浪费生命，浪费时间，他们会在自己老了的那一天才发现自己其实一点有意义的事情都没有做，他们会感到悔恨。

蒲松龄为写《聊斋志异》，在自家的路旁设茶烟馆，"见行者过，必强与语，搜奇说异，随人所知"。他就是以这种闲聊的方式积累到了广泛的素材，写成了一部伟大的著作。

苏步青说："近几年来，我在国内连续出版了几本专著，其中有《射影共轭网概论》、《微分几何五讲》（中英文版）、《仿射微分几何》（中英文版，英文版自序），还和刘鼎元副教授合著《计算几何》……最近又编写了《等周问题》、《拓扑学初步》等教材，还为中学教师举办讲座。我已经年逾八旬，而且还有一些社会工作，哪有时间搞科研、著书立说呢？我的办法是见缝插针。我常常利用零碎的时间，积沙成塔，积少成多。"

列宁为了研究资本主义社会的发展规律，浏览了数以百计的书籍，对148本书和49种刊物上的232篇文章进行了重点阅读，做了摘录和批注，写下了60多万字的札记，并在此基础上进行分析、批判、吸收，最终完成了著名的《帝国主义是资本主义的最高阶段》的写作。

俄国著名作家果戈里的一个习惯就是身边常备一个本子，随时记下在社会上观察、体验到的事情。这些记录包罗万象，无所不有。而正是因为这些记录，使果戈里的写作得心应手，游刃有余。

　　成功者的经历告诉我们，人绝不能以"混日子"的心态度日，要抓住生活中的一切时间去做有意义的事，这样才能使自己的人生更充实，才能实现自己的梦想。

将使命融入到工作中

带着使命去工作会使人工作出色。

一个人如果没有使命感，就没有宏大的目标，就很难成大事。记得拿破仑曾经说过这样一句话："不想当将军的士兵永远不是个好士兵。"这句话的意思是，你只有把自己的目标定位在将军的位置上，你才能有所追求而成为优秀的士兵，然后才有可能成为将军。现实当中也确实如此，人必须明确自己的使命，然后才能向着使命的方向前行。

福特先生小的时候在农场帮父亲干活，他12岁时，就在头脑中构想有一天能够用机器代替牲口和人力，而父亲和周围的人都说他是一个空想家，沉溺于一些不可能实现的幻想。但福特坚持

102

认为自己可以成为一名机械师，于是他用一年的时间完成了其他人需要三年的机械师训练，随后又花了两年多时间研究蒸汽机原理，试图实现他的目标，但未获成功。后来他又投入到汽油机研究上来，每天都梦想制造汽车。他的创意被大发明家爱迪生所赏识，邀请他到底特律公司担任工程师。

经过10年努力，福特在29岁时，成功地制造了第一部汽车引擎。

福特的故事告诉我们，一个人的成功在很大程度上取决于对使命的坚持。有一本书写着这样一段话："当我们发现自己前景暗淡时，我们就会迷失方向，就不会更加努力，而会用更长的时间、更多的精力来扭转局面，让生命白白地浪费掉。一个真正的成功人士认为一个人的成功秘诀就是：一刻不停地拼命工作，将使命融入到生命中，把工作做得比别人好，名望和财富自然会来到自己身边。"

一群工人正在铁路的路基上工作，这时候，一列缓缓开来的工作火车打断了他们的工作。火车停了下来，从上面下来了一个人："刘刚，是你吗？"

"是我，金宁，见到你真的很高兴。"

　　刘刚和金宁（铁路公司的总裁），就在这条铁路上进行了愉快的交谈。在长达1个多小时的愉快交谈之后，两人热情地握手道别。

　　刘刚的下属包围了刘刚，他们对于他是中铁铁路公司总裁的朋友这一点感到十分震惊。刘刚则说："12年前我和金宁是在同一天开始为这条铁路工作的。"

　　听了刘刚的话，一个同事半认真半开玩笑地问刘刚："为什么你现在仍在从事基层工作，而金宁却成了总裁？"刘刚惆怅地说："12年前我只为1小时12元的薪水而工作，但金宁却是为这条铁路而工作。"

　　被人们誉为"钢铁大王"的安德鲁·卡内基在33岁时就使自己建立的钢铁公司跃升为美国最大的钢铁公司。这是为什么？对于这个问题，卡内基是这么回答的："人生必须有目标，而赚钱只是最低层次的目标。"

　　人工作，赚钱是工作的回报，工作干得越好，金钱的回报应越多，这是没有问题的。但问题是，当你过分把注意力由工作转向赚钱之后，就会分散对工作的专注，偏离了通过工作实现自身价值这个最初的目标。急功近利的做事态度，会使人目光短浅，而无心顾及理想，更无暇完成理想。

一名员工在投入工作之前最先要做的就是确立自己的工作使命，只有这样才会产生对工作的热情，找到自己前进的目标。而一个找不到自己工作目标、对使命感到迷茫的员工，永远不会知道自己前进的方向，他们只是为薪水工作。比尔·盖茨说："职业是人生的使命所在，没有职业就没有使命，没有使命就失去了做人的意义。"人要确立自己的目标，要清楚地知道自己的使命，作为一名员工，确立正确的工作使命是极为重要的一件事，它可以增强信心，提高工作效率，专注、专心工作，让人在取得成功的道路上走得更加顺畅，有一个光明的未来。

一个人的前进动力主要来源于使命，一个把自己的工作目标视为使命的人，可以始终保持自己对工作的积极性和强烈的责任感，这样的心态可以促使他更加坚决地完成工作，当他遇到困难的时候也不会退缩，因为他深知自身的使命，不达目标他绝不会放弃。

有些人为了牢记自己的使命会把自己的使命写下来，然后每天都要读几遍，他们希望通过这样的方式时刻提醒自己，千万不要偏离了自己最初所定下的目标。这样的做法会有一定的效果，

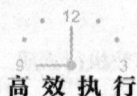

可这并不是最有效的方法，要想让自己的使命更加清晰和具体，最好的办法就是让自己行动起来。一名员工是否具备超强的使命感，从他的工作表现就可以充分体现出来。比如，付出的行动是积极的，执行是高效的，遇困难是不退缩的，"不达目的是不罢休的"。而一名欠缺使命感或是没有使命感的员工，做事则消极、懒惰、拖延、畏手畏脚，他们不主动、不自觉。上述两者之间最大的差别就是：具有使命感的员工的责任心非常强，他们认为为自己的使命做出努力是自己的义务；而没有使命感的员工则永远不会有这样的想法，在他们眼里只要能拿到薪水就可以，使命对于他们而言一点都不重要，这也是最终导致他们工作差和工作一般的原因。

很多知名企业的老板都认为，增强使命感并不只是企业领导要完成的事情，作为一名员工同样要具备这样的意识。如果一名员工认识到自己和企业是共同发展的关系，企业获得了效益，员工才会得到收益，才会有前途可言，那么，他们一定会确立并完成自己的使命。

很多老板认为，能够确立使命感的员工可以更加努力地完成工作任务，他们可以在企业遇到困难的时候挺身而出，尽自己最大的努力帮助企业。使命感让员工对自己的工作也有更高境界的认识，他们深知自己所做的一切并不仅仅是为了公司，也是为了自己，当然他们付出的努力，会使所在的企业为社会做贡献。具有使命感的员工有责任心，是说到做到的人，他们有自信，会认为工作是光荣的事，因此，无论遇到多大的困难都会坚强挺住，渡过难关，最终取得胜利。

确立自己的使命感并将其融入到工作中的员工是优秀的员工，使命像一盏明灯，指引着人向胜利的彼岸前进。

高效执行素质三

学会感恩，
职场成功的必修课

→ 高效工作不仅仅为薪资

→ 懂得感恩，具有慷慨心态

→ 感激之情离成功最近

→ 精诚合作是获得发展的大智慧

→ 多奉献能让你更加富足

高效工作不仅仅为薪资

一个高效工作的人，不应该只是为了个人的收益这样做。

人的敬业精神是需要后天培养和锻炼的，如果你认为自己敬业精神不够，那就应该有意识地培养，以认真负责的态度去工作！

所谓敬业，就是要敬重你的工作，把工作当成自己的事业，要具备一定的使命感和道德感。"敬业"所表现出来的是认真负责、高效执行，即认真工作，工作中一丝不苟，今日事今日毕。

克里蒙特·斯通曾说过这样的话："表面上看你是在为老板工作，但长期来看，你为的还是自己，因此你应该对工作兢兢业业、高效工作。"

在你的单位或其他单位，一些年老的同事可能有些感慨：现在的年轻人敬业精神不如以往，工作漫不经心，眼里只有工资，遇到困难便一走了之，能虚心学习、苦干实干、高效工作、认真负责的人实在不多。

我们先不讨论这些观点是否片面，但他们所说的有一点至关重要，即一个人的敬业精神很重要，这也是现代职场人应该具备的职业道德。如果一个员工在工作上能敬业，并且能把敬业变成一种习惯，就会一辈子从中受益。

道格拉斯在来到现在所在公司工作之前，曾经花了很长的一段时间学习和研究怎样使该公司赚钱，以最便宜的价格把货物买进。

他进采购部门后非常勤奋并且刻苦地工作，他千方百计找到供货价最便宜的供应商，买进上百种公司急需的货物，为公司节省了许多资金，这些成绩是大家有目共睹的。在他30岁那年，也就是与他合作的采购公司定期使用约1/3的产品的第一年，他为公司节省的资金已经超过80万美元。公司的副总经理知道了这件事后，马上就增加了道格拉斯的薪水。

道格拉斯在工作上的高效执行，博得了其主管的赏识，后又受到总裁注意，他在36岁时成为这家公司的副总裁，年薪超过10万美元。道格拉斯的敬业精神值得我们每一个人学习。

然而，有些员工认为，自己工作是为了老板，因此能混就混，公司亏了也不用自己去承担。可是，这样做对自己并没有什么好处。工作敬业，高效工作，表面上看是为了老板、公司多挣钱，其实不然。为公司挣钱就是为自己挣钱，如果公司里人人都不敬业，都"混日子"，那公司离破产就不远了，你离开公司另谋职业的日子也快到了。

爱默生说："责任具有至高无上的价值，它是一种伟大的品格，所有价值中它处的位置最高。"科尔顿说："人生中只有一种追求，一种至高无上的追求——就是对责任的追求。"

斯特拉特福爵士在为克里米亚战争举办的晚宴上做了一个游戏。军官们被要求在各自的纸片上秘密地写下一人的名字，这个人要与那场战争有关，并且此人是这场战争中最有可能流芳百世的人。结果每一张纸上都写着同一名字：南丁格尔。

被喻为"带来光明的天使"的南丁格尔，是那场战争中赢得最高名誉的人。她实至名归。

南丁格尔带着护士小分队来到一家野战医院，几小时内成百上千的伤员从巴拉克战役中被运回来，而一切救护工作都需要南丁格尔加以安排。当各种事务都有序进行时，她又会去处理其他更危险、更严重的事情。

"南丁格尔的感觉非常敏锐"，一位和她一起工作过的外科医生说，"我曾经和她一起做过很多非常重大的手术，她做手术非常准确……特别是救护一些垂死的重伤员时，我们常常可以看见她穿着制服出现在那些伤员面前，俯下身凝视着他们，用尽全部的力量，使用各种方法来减轻他们的疼痛。"

一个士兵说："她和一个又一个的伤员说话，向更多的伤员点头微笑，我们每个人都可以看着她落在地面上的那亲切的影子，然后安心地睡去。"

另外一个士兵说："在她到来之前，这里总是乱糟糟的，但在她来过之后，这里圣洁得如同一座教堂！"

由于南丁格尔始终保持着宝贵的奉献精神，因此受到世人的尊敬。

不论我们是管理者，还是普通的员工，如果我们的奉献总是比别人多，终究会得到更多奉献的回报。如果我们能为公司提供更多和更好的服务，公司发达了，我们的薪资高了，而老板也将视我们为不可或缺的人物。

中国曾经有一位非常杰出的邮递员，他的名字叫次仁桑珠。次仁桑珠是我国西藏自治区阿里地区的邮递员，他所服务的地区是藏民牧区，他每天要在高原牧场上骑自行车走上百里地为牧民投递邮件。他不仅要为牧民送信，还要为那些不识字的藏族牧民读信、写信，传递亲情。他还经常为自己服务的邮区牧民买药品，风里来，雨里去，辛苦异常。后来，他被评为"感动中国的人"，他的敬业精神正是我们每一个人需要认真学习的。

从次仁桑珠的身上我们看到，以职业为使命是敬业的思想基础。一个人有了这样的思想基础，就能够尽心尽力做好本职工作。《福布斯》杂志的创始人B.C.福布斯曾经说过："做一个一流的卡车司机比做一个不入流的经理更为光荣，更有满足感。"世界上没有不重要的工作，只有做不好工作的人。高效工作不仅仅是为了薪资，要突破只为赚钱的狭隘观念，以职业为使命，在平凡的岗位上干出一番红火的事业来。

懂得感恩，具有慷慨心态

> 懂得感恩、具有慷慨心态的人，会得到更多的支持和帮助。

远古时代，古罗马举行过一次会议，邀请了全体美德神参加。真、善、美、诚等各位美德神全部出席，大家和睦相处，热情地交谈着，会议开得十分热烈。

但是主神朱庇特发现：有两位客人互相回避，从会议开始后一直没有接近过。朱庇特向信使神密库瑞述说了这一情况，要他去看看到底出了什么问题。信使神立即将这两位客人带到一起，并给他们互相介绍起来。"你们两位以前从未见过面吗？"信使神说。

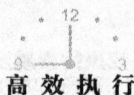

"没有,从来没有。"一位客人说,"我叫慷慨。"

"久仰,久仰!"另一位客人说,"我叫感恩。"

这个寓言故事告诉我们:生活中慷慨的行为总是难以得到真诚的感恩。事实上,每个人在每天的工作和生活中都在享受着他人的帮助,只是很少有人会想到到应去感恩。

我们常常会在不知不觉中理所当然地享用着他人的付出:比如,我们会为一个陌生人的滴水之恩而感激不尽,却无视朝夕相处的爱人对自己的种种好;我们常常像享用家庭的温暖一样享用着公司提供给我们的一切,却吝惜于自己的点滴付出。有些员工对工作牢骚满腹,谈不上尽职尽责,却没有想过,是公司为你提供了一个广阔的发展空间,是公司为你提供了施展才华的场所。

懂得感恩、具有慷慨心态是一种积极进取的有效方式,感恩、慷慨既是一种良好的心态,又是一种奉献精神,当你能够以感恩、慷慨的心态工作时,你的工作状态将变得越来越好,同时,你的工作业绩也将越来越出色。

一位企业界的成功人士说:"是感恩的心改变了我的人生。当我清楚地意识到我没有任何权利要求别人时,我对周围人的点滴关怀都心怀强烈的感恩之情。我要慷慨付出,竭力回报他们,我要多奉献，竭力做得更好而让他们快乐。结果，我不仅工作得更加愉快，得到的帮助也更多，工作也更出色。我很快获得了公司加薪升职的机会，赢得了更加广阔的发展空间。"

每一份工作都需要尽心尽责才能做好，每一个公司都需要员工精诚合作，但公司是员工施展才华的平台，也是为员工提供便利和空间的舞台，员工在公司将得到许多宝贵的经验和资源，如自我成长的喜悦、失败的教训、拥有共同追求的同事、值得信赖的客户等等。这些都会变成员工个人的财富。如果员工每天都怀着一种感激的心情去工作，有慷慨付出的心态，在工作中就会因此而更加努力，当然，得到的回报也会更多。

生而为人，要感谢父母的恩惠，感谢国家的恩惠，感谢师长的恩惠，感谢社会的恩惠。如果没有父母养育，没有师长教诲，没有国家保护，没有社会助益，人何能生存？所以，感恩不但是美德，也是人之为人的基本条件！

但在人们的职业生涯中，我们可以看到这样一种现象：很多人将自己得到的视为理所当然，视为纯粹的商业交换关系——这是许多公司老板和员工之间关系紧张的原因之一。的确，老板与员工的关系是一种契约关系，但在这种契约关系背后，难道就没有一点感恩的成分吗？老板和员工之间并非是对立的，双方的关系从商业的角度而言，是一种合作共赢的关系；从情感的角度而言，也许还有一份友谊。

羔羊跪乳，乌鸦反哺，说明动物尚知感恩，何况是万物之灵的人呢？我们从家庭到学校，从学校到社会，无论处于人生的哪个阶段，都要有感恩之心，有慷慨付出的心态。

不要忘了感恩你周围的人——你的老板和同事。因为他们了解你、支持你。大声说出你的感谢，慷慨地付出，让他们知道你感恩他们的信任和帮助。请注意，一定要说出来，并且要经常说！这样可以增强自我暗示，将自己的感恩之情更好地传达给他人。

感激之情离成功最近

当你懂得感激的时候，所有美好的事物都会主动围绕着你。

在林肯当选总统时，参议院的所有议员都感到尴尬，因为林肯的父亲是个鞋匠。

当时美国的参议员大部分出身望族，自认为是上流社会优越的人，从未料到要面对的总统是一个卑微的鞋匠的儿子。

于是，在林肯的一次参议院演说之前，有位参议员计划羞辱他。

当林肯站在演讲台上的时候，那位态度傲慢的参议员站起来说："林肯先生，在你开始演讲之前，我希望你记住，你是一个鞋匠的儿子。"

所有的参议员都大笑起来，为自己虽然不能打败林肯而能羞辱他开怀不已。

林肯等到大家的笑声停止，坦然地说："我非常感激你使我想起我的父亲，他已经过世了，我一定会永远记住你的忠告，我永远是鞋匠的儿子，我知道我做总统永远无法像我父亲做鞋匠做得那么好，我为能有这样的父亲感到自豪。"

参议院陷入一片静默，林肯转头对那个傲慢的参议员说："就我所知，我父亲以前也为你的家人做鞋子，如果你的鞋不合脚，我可以帮你改好它，虽然我不是伟大的鞋匠，但是我从小就跟随父亲学到了做鞋子的艺术。"

随后林肯又对其他的参议员说："参议院里的任何人，如果你们穿的那双鞋是我父亲做的，而它们需要修理或改善，我一定尽可能帮忙，但是有一件事是可以确定的，我无法像他那么伟大，他的手艺是无人能比的。"说到这里，林肯流下了眼泪，台下响起了热烈的掌声。

在一个人的奋斗之路中，总会得到许多人有意或者无意的帮助。浩瀚的大海源于涓涓细流，同样，人的成功也离不开亲朋好友对你的帮助。一个人只有常怀感恩之心，铭记并报答他人的帮助，才能让自己走得更远。

一个原本英俊的雕塑家突然发现自己的面容、行动举止以及神情都变得丑陋、狡诈，令人感到可怕。于是他遍访名医，均无良方可得。一个偶然的机会，他来到一个庙宇之中，向大师寻求帮助。大师了解情况之后说："我可以恢复你的相貌，但你必须先为我的庙宇做一年工，就是雕塑几尊神态各异的观音像。"

这位雕塑家同意了。他细细琢磨观音像的特点，总结出观音是慈祥、善良、圣洁和正义的化身。

在这一年中，这位雕塑家耐心打磨观音像的面容和行为举止，想通过外形塑造出观音内在的品质德行，他为雕塑达到了忘我的境界。

当他的工作完成后，大师带他来到镜子前。他惊喜地发现自己的相貌已经变得神清气朗、端正英武。他感谢大师治好了他的相貌。

但大师却说："是你自己治好了自己的相貌。由于你在过去两年一直在雕塑夜叉，因而你的面容和行为举止也变得像夜叉一样。"

121

这个寓言故事讲述了佛家的"相由心生，相随心灭"的典故。

人要对人生、对自然的一切美好的东西，心存感激，这样人生才会更加美好。

感激之情会让人将注意力持久地投注在美好事物之上，接受的也将会是美好的事物。当一个人将自己的注意力集中在美好的事情之上时，美好的事物自然就会包围着你，你的心情心态都会积极。心存感激会使你的心和你所企盼的事物联系得更紧密。心存感激还会使你获得力量，使你产生对生活、对美好事物坚定的信念。

所以，一定要培养心存感激的习惯，这是个人和社会发展的力量源泉。一个人应该永保感激的习惯，无论获得了多大的成就，都要心存感激。

精诚合作是获得发展的大智慧

当你开始与人精诚合作的时候，痛苦感会减少，幸福感会增强。

在工作当中人们常常会产生这样的一种心理：因为自己的薪水低、工作量大，就对领导或同事感到不满，觉得领导不关心自己，根本就不把自己当成公司里重要的一分子，或是抱怨同事在工作的时候不能给予自己帮助。其实，任何一名员工在工作的时候多少都遇到过一些不公平，我们不必为此感到委屈，这些事情的发生是很正常的，它从另一个方面来讲，也正是提高人们修养的好机会。否则，一直在一起工作的同事和领导之间又怎么能相互理解、相互帮助呢？所以说，我们要学会精诚合作，看事情要正反两面看，因为每件事都有两面性，在失去一些东西的同时，我们也一定会有所收获。

很多员工不能够和领导以及同事和睦相处的一个重要原因，就是他们不懂得精诚合作。这些人觉得，他人为自己做的一切都是应该的，包括领导每月给自己发的奖金，以及同事经常请自己吃饭。其实，任何人给予我们的帮助和支持都不是理所当然的，当我们得到这些的时候一定要学会"回报"，也只有这样，我们的人格修养才会得到提高。人们常说的"人敬我一尺，我敬人一丈"就是这个道理，如果能互帮互助，那么，我们和身边的人的关系就会变得更加牢固，我们未来的发展也会更加顺利。

古代有个故事。一次，一个国王在自己的国家旅行的途中看见一位年过七旬的老人正在满头大汗地在地里干活。国王觉得这个老人非常可怜，他走上前去对老人说："你的年纪这么大了，为什么不让你的儿子来地里干活？你在这里忙着做些什么？""我在这里种树，我的儿子有他自己要做的事情，我现在做的这些，都是我自己应该做的。"老人回答道。

国王惊奇地问："你的年纪很大了，应该歇歇了。何况你现在种下的树，要等好多年才可以长大，那时你既不能在树下乘凉，也不可能吃到它的果子。"

老人回答说："现今这些已经长大的树是前人种下的，我可以在下面乘凉，也吃到了树上结的果子；而我现在种的树，也是为了我们的后人可以在这些树下乘凉，摘树上的果子吃啊。"

这个故事说明，人们既然享受到了前人为我们创造的幸福，就有责任为后来者创造他们可以享受的成果，这就是感恩和回报的体现。

在工作当中也是同样的道理，很多时候我们所获得的一切、所享有的一切并不是完全靠自己得来的，在此之前，有很多人为此也付出了很大的努力。所以说，我们要珍惜眼前的一切，在努力做好每件事的同时也要感恩，感谢之前的人们和现今与我们合作的人们。

人与人之间需要相互的支撑和帮助，感恩和回报可以促进人与人的和谐相处。汉语中的"人"字是很有哲学意味的，就是两个人之间互相支撑、互相帮助。在我们工作的时候，同样需要互相帮助和互相支撑，因为团结才会产生最大的力量，才可以帮助我们战胜困难、走向成功。而这一切的一切，都需要人与人之间相互的理解、包容、感恩、合作，这样我们才能打造出和谐的集体。

人只有精诚合作才能体会到得到帮助之后的幸福感，如果一个人不懂合作的内涵，他只能是"孤单英雄"，"独行侠"，支撑不了多久的。

张丽小时候很淘气，她的父亲脾气很暴躁，所以挨打和挨骂几乎是她的家常便饭。在她的记忆里，父亲甚至没有对她温柔地说过一句话。

有一次，只为一道数学题，父亲竟然将张丽的脸打得红肿。尽管当时的张丽年纪还小，但她已经知道什么是耻辱。从那之后，她的心里就不再有女儿对父亲的那份依恋。在家里她从不和父亲主动说话，有意和父亲保持一段距离。看到别人家的女儿在父亲的怀里撒娇，张丽甚至怀疑自己是否还是父亲的亲生女儿。

渐渐地，张丽长大了，可是与父亲的心结始终都没有解开。父亲也知道女儿对他一直都不那么友好，所以，他也不会主动表示什么。转眼间女儿要去上大学了，父亲埋着头忙里忙外地收拾女儿的生活必需品，然后把她送到离家很远的另一个城市。一切安排好之后，他要回家了，看见路边的小摊上有卖苹果的，他又掏出钱给女儿买了一大堆苹果。由于当时交完学校所有的费用之后，他已经没有多少钱了，张丽对父亲说："这苹果我不要，已花了很多钱了。"父亲笑笑说："没关系，回家后，我管同事借点钱，慢慢就又会攒一些钱了。"父亲递给张丽苹果，头也不回地走了。张丽忍不住泪流满面，她不知道是因为以后要独自面对生活，还是因为和父亲的分别……

三个星期后的一天，张丽给家里打电话，母亲问过她的生活情况之后，突然停顿了一下问："你说是我对你更好一点，还是你爸对你更好一点？"张丽不假思索地说："还是妈对我更好一点。""错了，其实是你爸对你更好一点。"母亲声音异样地说，"你知道吗？你爸送你到学校回来之后，一直都没有笑过，也从没有对我说起过你在那边的情况。昨天晚上，他从梦中哭醒，我问他怎么了，他说他梦见同事的儿子回家和家人说在学校里受苦了，就想起你一个女孩子在学校也不知道有没有受苦，离家这么远也不知道过得好不好，所以就哭醒了。然后他才把你学校里的情况跟我说了，他说他那天回来的时候怕你看见他流泪就没有回头，上了车之后他还在车上哭了好一阵儿。"听着母亲说的这一番话，拿着电话的张丽在那一刻才明白父亲的所有爱和付出，才知道以前的自己是多么狭隘。

是的，没有哪一个家长不爱自己的孩子，但不是所有的家长都善于表达自己的爱。张丽为自己不懂得感谢深深懊悔。

事实上，孩子也要学会感谢，尤其面对父母或是他人的关爱不表示感谢，认为这是理所当然的，是不对的。精诚合作，是每个人社会化的表现。一个人只有学会与人合作，才会懂互谅互助，才会体会到生活中的快乐，才能与他人和谐相处。

我们身边每一个关心我们的人都用自己的方式与我们"合作"，合作，如同太阳的温暖照亮我们的工作、生活，那么，我们该用什么样的方式对待这一切呢？感谢是合作的基础，我们的感恩是否可以先从感谢父母开始，然后推而广之？

世界的温暖不是一个人的温暖，所有人的温暖加在一起才可以让这个世界上的每一个人感受到被关怀的幸福。所以，人要学会感恩，并将这种感恩传递，进而精诚合作。由亲人的合作到朋友合作，由朋友合作到陌生人合作，并一直合作下去……只有这样，才能让自己和所有人都拥有快乐的工作，幸福的生活。

多奉献能让你更加富足

无论对于工作还是人生，多奉献是让人富足的最佳途径之一。

有人曾问亿万富翁、现吉利公司总裁李书福是否感到幸福。李书福说，幸福与不幸福，不能用钱来衡量。有钱并不一定幸福，如果你今天发愁钱被人家偷了，明天又担心挣钱不易，后天又考虑这个钱怎么花最省，整天发愁，那你一点都不会幸福！他说，我感到幸福，不是因为有钱，而是因为我的理想正在一点一点变为现实。

这段话大概可以视为李书福的幸福观。李书福认为金钱不能带来幸福，只有理想实现人才会幸福。换句话说，即使是自己没有得到多少金钱，只要能有所作为，就是幸福的。

当吉利资助的贫困学子们，怀着感恩的心坐在大学课堂上时，李书福感到欣慰。他说："办教育虽然没有利润，资助贫困大学生更是只有付出，但我觉得很值得，很欣慰，因为通过办学和助学，我感到我跟这个世界联系得很紧密，我在为社会的改善做出自己的贡献！"

从李书福的言行中我们可以看出，一个人是否幸福并不是用金钱的多少来衡量的。只有当你乐于奉献时，你的心灵才会感受到幸福。

是的，金钱在一定范围内能够带动人幸福感的产生，但绝对达不到"控股"的程度。金钱不能与幸福直接挂钩，因为幸福还有许多其他决定因素。

某大型集团公司的总经理张悦说，他小时候穷得连鞋都没有，大雪天去学校，怕把唯一的一双布鞋弄湿了，于是光着脚上下学，回到家一看，脚冻得几乎爆裂。幸运的是，他在亲人和朋友的帮助下最终完成了学业。如今的他经过奋斗过上了富裕的生活，但他并不觉得自己幸福。他说："我曾经以为过上有钱人的生活就会幸福，但后来我发现，有了钱未必就幸福。我小时候虽然穷，但一家人在一起其乐融融、相互关心，每个人都争着奉献，那时真觉得幸福，而现在，关心少了，奉献少了，感觉每个人似乎为了挣钱而变得忙碌、冷漠。"

其实，对于人生来说，最终目的只有一个，就是获得幸福，但这种幸福最终是指向精神层面的。生活中，我们很容易发现，有权有钱的人不一定幸福，有钱也买不来幸福。这当然不是说物质财富对于幸福生活不重要，而是说它并不是幸福生活的全部。一个家庭分裂、妻离子散的人，即使有钱也是不幸福的。一个没有自己的事业，靠继承大笔遗产过着醉生梦死生活的人，充其量只是行尸走肉，谁也不会将他与幸福联系在一起。反之，"鼓盆而歌"的庄子是幸福的，因为他懂得"人贵适志"；"不为五斗米折腰"的陶渊明是幸福的，因为他"坦万虑以存诚，憩遥情于八遐"；"纵一苇之所如，凌万顷之茫然"的苏东坡是幸福的，因为在他眼里，"惟江上之清风，与山间之明月，耳得之为声，目遇之而成色，取之不尽，用之不竭，是造物者之无尽藏也，而吾与子之所共适"。上述这些人，在一般人看来，他们的一生算不上是幸福的，因为他们屡经坎坷，饱尝辛酸。但他们实际上却拥有一般人难以企及的精神境界，他们的精神是富足的。

所以，不要把金钱作为衡量幸福的标准。人更应该做的是加强自身的内心修养，只有这样，才可以体会到真正的幸福。

奉献是一种高境界的付出，也是成功者必备的品德。高效执行就是在多奉献的基础上实行的，人没有奉献精神，就谈不上高效执行。

利维是一家餐厅的经理，工作中他讲奉献，也是这样做的。利维除了是一个奉献者，他还是个天生的激励者和领导者。如果有某位员工某一天"运气不好"，他就会告诉那位员工，往好的方面想。有一天，一位同事问他："没有人能够做到总是那样高兴地做工作，你是怎么做到的？"利维说："每天早上起来，我都会告诉自己，我应该是快乐的人，因此只要有不快乐的事我都在最短的时间内忘掉。即使发生了不好的事，我也选择做一个快乐的人。""可做到这样太不容易！"那位同事感叹道。"的确如此，"利维说，"但是我要求自己这样。"

有一天，利维忘了关上餐厅的后门，结果有几个歹徒闯进来抢劫。利维遭到了歹徒的袭击，幸运的是他被邻居发现并被紧急送往医院抢救。经过18个小时的手术，利维活了下来，当有人问他抢匪把他打倒时他怎么想，他说："当他们击中我之后，我躺在地板上，忍受着巨大的疼痛。那时，我有两个选择，我可以选择生，也可以选择死，而我选择活下去。医护人员告诉我我没事，但在去紧急手术室的路上，我看到了医生和护士脸上紧张忧虑的神情，我真的被吓到了。他们的眼睛里好像写着'他已经是个死人了'。我知道我需要采取行动。""当时你做了什么呢？"利维说："当时，一个护士用最大的音量问我是否对什么东西过敏。我回答说：'有。'这时候，医生和护士都停下来等待我的回答。我深深地吸了一口气，接着喊'子弹'。他们听后都笑了，等他们笑完之后，我告诉他们，我现在选择活下去，请把我当作一个活生生的人来治疗，而不要把我当成一个'活死人'治。"

利维之所以能活下来，不能不说是和他乐观的态度有关系的。当一个人的生命面临威胁的时候，乐观的人会选择生存，而悲观的人则选择放弃。选择生存的人忍受着生命的苦痛，但是，苦痛过后总会有幸福的存在；选择了放弃的人虽然不会忍受长时间的苦痛，但是，他们永远都失去了获得幸福的机会。

曾经有一位作家瘫痪在床，只有偶尔的全身阵痛会提醒他他还活着。在一旁护理他的妻子看着他疼痛难忍，经常泪流满面，但是，他却会安慰妻子："活着就是一种幸福，我现在能感受到疼痛，就证明自己还活着。这已经是我能够感受到的生命的最大恩赐了。所以，我不拒绝疼痛，我会为自己还能够感受到疼痛而觉得幸福。"后来，他在妻子的帮助下，克服了病痛的折磨，完成了自己的作品，并感受到了自己的劳动成果得到外界认可的幸福。

生命是可贵的。所以，我们没有必要去埋怨什么。自身的不快完全源于我们内心的不满足。所以，让我们学会给心灵卸下枷锁，学会感恩、知足，只有这样，我们才能体会到真正的幸福。

12

9   3

6

高效执行素质四

站在公司的角度
思考、工作

→ 树立正确的工作态度

→ 把自己当作主人翁

→ 主动为公司多付出

→ 换个角度看老板

树立正确的工作态度

你的工作态度决定着公司对你的态度。

麦克阿瑟将军堪称美国的民族英雄。1962年，他对西点军校学员说了下面这番话：

"你们终生要以军旅为家，要一心想着胜利。在战争中，你们必须知道没有任何东西能代替胜利，如果战败了，我们的国家就可能灭亡。你们必须牢记责任、荣誉、国家。你们要沉着、冷静、清醒，要坚守在自己的岗位上。在国际冲突的惊涛骇浪中，你们是国家的'救生员'；在战争的竞技场上，你们是国家的'斗士'。在一个半世纪的漫长岁月中，你们日夜戒备，英勇御敌，保卫了国家的自由、正义和神圣传统。你们的座右铭就像茫茫黑夜中光芒万丈的灯塔——责任、荣誉、国家。"

同样地，约翰·肯尼迪总统在就职典礼上的讲话，也体现出了忠诚与奉献的基本准则。他说："不要问你的国家能为你做什么，而应该问你能为国家做什么。"

这些话准确地说出了一部分职场人士无法获得成功的原因——不肯为公司付出。那些不肯付出的员工只关心自己的利益，关心自己是否能够获得别人的帮助。这种员工在和家人、朋友、同事相处的过程中，很少考虑"我能为他人做些什么"，这样的员工在工作和生活中都很难取得成功。

在我们的工作群体中，存在着这样一些员工，他们对待自己的工作不是认真、负责的，而是抱着得过且过、"做一天和尚撞一天钟"的态度去工作。他们认为，只要自己每天按时上下班，就会有薪水可领，他们平常的态度就是将单位的上司或者公司的老板应付过去就行了，并得意地宣称：我并不是不好好上班，所以工资一分钱都不能少拿。

持这种工作态度的员工最后会获得什么样的结果是可想而知的。在职场中，职场精神提倡的应该是站在公司、上司、员工、同事的立场来看"我能为他们做什么"，这样会带来更愉快的工

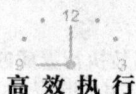

作氛围和更高的工作执行效率。

员工要想让自己的事业获得成功，要想让自己的生活得到改善，就要对自己的工作行为负责，要知道工作不是做给公司领导或同事看的，而是做给自己的。换句话说，唯有将工作高效执行，做出工作业绩，才能有好的发展，自己收获更多。

小李在一家图书公司工作，刚开始的时候他的薪水并不高，但他省吃俭用，仍购买了大量的图书，以此提升自己。他发奋图强，出版了很多精品图书，最终取得了事业上的成功。

当有人问起小李为什么能取得成功时，他回答说："无论我们做什么样的事情，我们都要努力工作。在工作中，无论事情多么小，也不要因小而轻视它。努力工作是每个职场中人应具有的工作态度，高效执行是认真负责的表现，而这不仅仅是为了公司，更是为了自己。"

但是，在人们的工作中，又有多少人能像小李这样做呢？我们的四周，常有这样的声音：我为什么要努力工作？为什么要高效执行、拼命表现？公司就给了我那么一点工资，我凭什么努力工作？

对此，小李说："在工作中，我们要努力拼搏，因为只有努力拼搏了，我们才能超越别人，才能实现自己的梦想。"

正是因为小李具备了这种努力拼搏的信念，所以他无论做什么工作都充满激情，都能高效执行进而获得丰厚的回报。

有些员工不明白"工作是为了自己"的道理，他们遇困难轻易放弃了工作，他们不仅放弃了成功的机会，还放弃了自己展现才华的机会，更主要的是放弃了自己的追求。所以说，员工只有努力工作，高效执行，才能把握机会，走向成功。

一家企业的领导对他的员工说："优秀员工要努力工作，要有吃苦精神，要高效执行。大多数员工刚到企业来时工作积极性很高，可是最后总有一部分人被淘汰，另一部分人成为岗位操作能手。这是为什么呢？是因为被淘汰的这部分人缺乏吃苦的精神，缺乏高效执行的行动。工作无论大小、难易，都会很辛苦，但美好的生活是靠我们用劳动去争取的。"

有些员工有这样一种想法：我不必努力工作，因为一个企业的发展不是靠我一个人能决定的。这些员工正是因为有了这种想法，所以不会去百分百地承担自己的责任，结果是他们的发展受到了局限。

"为自己工作"是一种敬业精神，是对工作的负责，是对

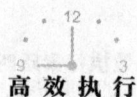

目标的追求，是鞠躬尽瘁的奉献精神。古语说得好，"只要工夫深，铁杵磨成针"。一个人只有全身心地投入到工作中去，才能高效执行，立即行动，把工作做得出色。

而一个企业要想获得长足发展，就需要所有员工不懈地努力。所以说，作为一个员工，千万不要认为公司的发展跟自己没有关系，如果每个员工都能够把公司的事情当作自己的事情去做，工作起来就会尽职尽责，公司就会形成上下团结、精诚合作的氛围，公司得到发展，个人的职业发展也会大步向前。

把自己当作主人翁

如果你认为自己只是一个打工者，那么你就永远无法站在公司的角度看问题，你的敬业态度就不会是百分百的。

工作是人们赖以生存和发展的基础，如果人们不去工作，就无法保证最基本的生活所需，就无法获得家庭幸福和事业成功，就达不到自我实现的境界。用一句简单的话说就是：如果我们不为自己工作，我们就不会获得生存的需要和个人的发展。

有些员工认为公司的发展与他们无关，他们只关心自己的薪水、红利。假设你是公司的领导者，你会雇用这样的员工吗？员工应当认真想一想，当你工作时不妨反问自己：如果这是我自己的公司，我会如何处理？如果我是上司，我对自己今天所做的工作完全满意吗？当然，工作中别人对你的看法也许并不重要，但你对自己要有严格的要求。当你回顾一天的工作时不妨扪心自问："我是否付出了全部的精力和努力？我是否做到了高效执行不拖延？"

有些员工总是在为自己不努力工作找各种借口，他们认为拖延工作是正常现象，并且常常牢骚满腹，不顾场合发泄。哈佛大学商学院的曼凯恩教授认为：牢骚和抱怨不仅惹是生非，而且会造成组织内部彼此猜疑，影响团队士气。

那么，我们如何才能避免这种情况的出现呢？在一个企业论坛上，一位企业总裁的一段演讲正好回答了这个问题。他在演讲中说："在我所领导的企业里，我的团队成员绝对不会牢骚满腹，即使受到批评、指责和误解，他们也会用一种积极乐观的态度来对待。这也包括我本人，因为每当有员工对我提出意见时，我就会检讨自己，我就会思考我身上是否有些需要改进的地方。"

总之，人生的价值体现就在于工作，如果一个人对工作失去了兴趣，他也就失去了人生的意义。因此，员工要具有主人翁意识，尊重自己的工作并引以为豪。

一家企业的副总裁说："在很多时候，我都为我现在拥有的一群敬业、忠诚的员工而自豪。我经常强调，在公司中，无论你处于什么样的位置，无论是领导者还是普通职员，你都要尊重自己所从事的工作，如果你轻易地否定自己所从事的工作，否定自己在这个团体中的重要性，那你就犯了巨大的错误。"

员工能够尊重自己的工作，认识到自己工作的重要性，就会去思考为什么要工作，工作起来就会抛弃自己那些狭隘的"工作观"，不仅会以主人翁的心态投入工作之中，而且高效执行，为企业贡献自己全部的力量。

一位心理学家为了实地了解员工对于同一件工作的心理反应的差异，便来到一所正在施工中的大教堂，对在现场忙碌的敲石工人进行访问。

心理学家问他遇到的第一位工人："请问你在做什么？"

这位工人无精打采地回答道："你难道没看见吗？我正在用这个重得要命的铁锤来砸碎这些该死的石头，而这些该死的石头又特别硬，把我的手震得酸麻不已，这真不是人干的工作。"

心理学家又找到了第二位工人，问的还是那个问题："请问你在做什么？"

第二位工人满脸无奈地答道："为了每周500元的工资，我才愿意做这件工作。如果不是因为一家人的温饱，有谁乐意干这份敲石头的粗活！"

心理学家又问了第三位工人同样的问题："请问你在做什么？"

第三位工人眼光中闪烁着喜悦的神采："我正在修建这座雄伟的大教堂。教堂落成之后，可以容纳许多人来做礼拜。虽然敲石头的工作很累，但当我想到将来会有不计其数的人来到这里接受上帝的祝福，我就感到自己的工作特别有意义。"

对于同样的工作，同样的环境，为什么三位工人会有截然不同的感受呢？这是因为他们对自己的工作有不同的认识，从而有了不同的工作态度，也就有了不同的工作价值观。

若干年后，这位心理学家在整理采访资料时发现了这段记录，他忽然产生了强烈的兴趣，希望了解这三个敲石工人的现状。

他很快找到了这三个人，结果却令他非常吃惊：第一个敲石工人还是一个普普通通的建筑工人；第二个工人开着机器在施工，他现在已经是一位高级技术工人了；至于第三个人，现在是一家房地产企业的老板——前两个人正在他的企业工作呢。

是什么原因造成了三个敲石工人几十年后不同的命运呢？答案很简单，就是不同的工作态度，因为态度是决定一个人前途的核心因素。

工作对于任何人而言都是第一位的，但不是所有人都有正确的工作态度。作为职场中人，工作时应当抛开任何借口，在工作中投入自己的全部，包括高效执行、忠诚、敬业精神和尽职尽责，同时还应处处为公司着想。

一家企业的总裁强调每个员工都应该尊重自己的工作，他经常告诫自己的员工："你们千万不要把自己现在所从事的工作看成是无足轻重的。你们不要认为自己是一个打工者，你们应该把公司看作是你们实现自我价值的平台，如果你们认识到这一点，你们就不会对自己现在所从事的工作敷衍了事，得过且过，而是会不断追求上进，努力工作，让自己获得长足的发展。这样做既有利于公司，也有利于你们自身的进步。"

这位总裁的话讲得对极了。企业是员工的船，员工们在这条船上分工协作，齐心合力，才能让船到达彼岸。

主动为公司多付出

付出与回报是成正比的，付出越多，回报越大。

格兰特将军是这样理解主动的："主动就是自动自发精神，所谓的主动，指的是随时准备把握机会的积极态度，以及为了完成任务而在必要时不惜打破成规的智慧和判断力。"

阿尔伯特·哈伯德在《致加西亚的信》这本书中曾写过这样一段话："工作是一个包含了诸如智慧、热情、责任、信念、想象和创造力的词汇。"的确如此，在工作中，那些取得卓越成就的人，总是在主动工作、主动付出，比其他人更积极。他们不仅有工作智慧，而且对工作热情、有责任，信念坚定，同时想象力和创造力不断迸发，这是他们获得成功的法则。而那些平庸者对于工作，逃避、指责和抱怨是常态。

陈晓东刚大学毕业，就进入了一家大公司。在公司里，陈晓东每天都是第一个到岗的员工，也是最晚下班的员工。早上他会把大家桌上的灰尘都擦干净，晚上他又把公司所有的电源都关闭才走。他常常会帮其他同事做一些工作，因为他的工作总是能很快完成，而且完成得非常出色。就这样过去了一年多，陈晓东也从一名普通的员工成为了总经理助理。

为什么陈晓东能很快得到经理的提升呢？其实原因很简单，就是因为陈晓东清楚地知道，工作需要自动自发，需要主动精神，员工把公司当成家，就会有无穷的力量。而在公司中主动付出不仅能得到提升，公司回报也很大。所以，他愿意做那些不属于他工作范围内的事，并且认真、仔细地将每一件事做好。

有很多员工都是在固定的时间内上班、下班、领薪水，等着老板交待任务，他们既不主动工作，也不加班加点。当领到的薪水令他们满意时他们高兴，当领到的薪水不能满足他们时，他们就会抱怨。但无论是高兴还是抱怨，他们都不去改变自己的"工作模式"，这样的员工是在"工作"，但不可能在事业上取得任何大的发展。

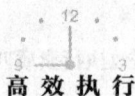

只有那些主动工作的员工，在公司、老板的眼中才算是优秀的员工。也就是说，一个优秀的员工，不仅要能力强，还必须具备尽职尽责的主动工作精神。所谓主动工作尽职尽责，就是员工要有强烈的责任感和使命感，要为了公司的发展全心地付出。员工没有尽职尽责主动工作的精神，就谈不上干好工作，更谈不上去战胜一切困难。所以说，尽职尽责主动工作就意味着员工敢于承担责任，勇于去完成自己所肩负的使命。

具有尽职尽责主动工作精神的员工，对工作的态度是"我要工作"；而没有尽职尽责主动工作精神的人，对待工作的态度是"我该工作"。具有尽职尽责主动工作精神的人，是具有坚强毅力、勇于承担责任的人，就像麦金莱总统在西点军校演讲时对学员们所说的一样："最重要的是，你们要尽职尽责主动地把每一件事情做得尽可能完美。与其他有能力做这件事的人相比，如果你能做得更好，那么，你就永远是个好军人。"

无论员工从事什么样的工作，都要具备一种尽职尽责主动工作的精神，员工具备了这种精神，就能勇敢地担负起一切责任，就能完成一切工作中的事务，就能意识到所做的一切工作都是有价值的，当然也会获得公司、领导、同事的尊重和肯定。

一个人无论从事什么样的工作，都应该尽职尽责主动工作，这不仅是尽自己最大的努力去工作，而且是端正了工作态度，让自己在事业上不断有进步的"捷径"，这不仅是工作的基本原则，也是个人人生的基本原则。员工没有了职责和理想，生命就会变得毫无意义。所以，员工在工作中不管从事什么性质的工作，都应该尽职尽责主动工作，在敬业的基础上取得不断进步。

有些员工都会面临这样的困惑：明明自己比他人更有能力，但是成就却远远落后于他人，这是为什么呢？其实就是因为缺少持之以恒、尽职尽责、主动工作的精神。这就像水烧到九十九度时，如果你认为差不多了，不用再烧了，那么，你就永远喝不到真正的开水。人在这种情况下，做到百分之九十九，虽然也努力了，但实质上等于零。所以说，员工无论做什么工作，都要沉下心来脚踏实地地去做。要知道，你把时间花在什么地方，你就会在什么地方看到成绩，因为努力是持之以恒的，百分百地努力，你就能够走向成功。

自动自发地工作，主动地工作，首先是一种态度，是一种发自肺腑的对工作爱的表现。工作要求人不仅有持之以恒的决心，克服困难的坚强意志，热情、努力、积极主动的工作态度，还要有敬业的责任心，才有可能获取工作给你的回报。员工是否拥有对工作的爱，从其工作态度上就可以衡量，所以，具备了主动工作的特质，就一定能把工作干好。

在我们所从事的工作中，当我们发现那些需要做的事情，哪怕不是自己职责范围内的事情时，也要自动自发主动地去做，因为只有主动工作才是衡量员工是否合格的标准。

当然，我们所强调的自动自发主动精神，也包含了员工要"干一行，爱一行"的精神，员工在工作中必须一心一意，不能三心二意，只有这样，才能在职场中脱颖而出。

那些在事业上取得成就的人，一定是在工作中尽自己最大的努力的人，他们不仅为了公司的成长，也为自己在所从事的领域里取得成就而进行着坚持不懈的努力。这种坚持不懈的努力，不仅应该成为一种行为准则，更应该成为每个员工必备的职业道德。员工拥有了责任与梦想，生命才会大放光彩。也许，目前你依旧处于困苦的环境之中，然而不要怨天尤人，只要你忠诚敬业、努力工作，很快就能摆脱窘境，并在物质上得到回报。人通往成功的唯一途径是艰苦奋斗，这是被古今中外的无数成功者所证明了的真理。

自动自发主动工作是优秀员工身上散发出的一种品质，这类员工不需要别人强迫和要求，他们就会以一种热情洋溢的工作状态面对自己的工作。不论身处何种环境，他们都能尽自己所能主动做好更多的事情。他们在工作中能够把每一个细节都了解清楚，并恪尽职守，把它做到最好，这样做不仅能做好工作，还可以为自己的发展种下希望的种子。

在研究部工作的小王这几天一直闷闷不乐，他身边的同事看到他眉头紧锁，就对他开玩笑说："小王哪儿都好，就是太不知足了。你也不想想，咱们战略部不像咨询部和销售部，又没有什么硬性指标，薪水比他们拿得多多了，该高兴才是啊！"

小王说："我不是为了薪水而郁闷，我是在想，我们整天坐在研究室里，除了完成上面派给的任务，就什么事也不做了，总拿不出新创意，我倒是觉得不好意思了！"

"你还有这种想法呀，"小王的同事说，"我们公司现在已经很强大了，不管是自身条件，还是外在影响力，都是业内顶尖水平，还需要什么新创意呢？你就不要多考虑了，该考虑的问题老板都已经考虑了。"

面对同事们的不理解，小王还是暗下决心："一定要让公司

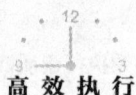

在自己的影响下有一个质的飞跃！"

有了这个非同一般的目标后，小王开始废寝忘食地工作起来，他每天除了完成公司安排的任务，其余时间满脑子想的都是如何让公司产品更有创新点，以符合消费者的需求。

一天，在上班路上他突然冒出一个想法：如果能够把公司与文化产业结合起来，既省成本又有较好的收益，那公司的发展不就又有新的突破点了吗？

第二天，他马上找到公司领导，对领导说："如果我在做战略设计的同时，也能为一些国际化的大公司出版一些图书，该是多么激动人心的事呀！"

公司领导被小王的创意所打动了，惊喜得高声说道："好样的，小王！我们马上就着手这方面的工作，就由你负责好了。"

就这样，小王不但实现了自身的价值，而且还得到了应有的晋升和奖励。更重要的是，在实现目标的过程中，小王得到了从未有过的快乐。

很多员工对工作容易满足，总认为自己的工作已经做得非常好了，但事实果真如此吗？这些员工在结束工作的时候，应该问一问自己：我是不是已把工作做得尽善尽美了？是不是已把自己的能力发挥到了最大程度？是不是已开发出了自己的最大潜能？实际上，人们往往拥有自己都难以估量的巨大潜能，如果每个人做事的时候，都具有一种追求完美的精神，那么他的潜能就能够最大限度地发挥出来。

所以说，当员工能做到自动自发主动地工作时，就能从工作中学到更多的知识，积累到更多的经验，就能从全身心投入工作的过程中找到快乐。这种工作习惯或许不会有立竿见影的效果，但可以肯定的是，员工如果没有自动自发主动工作的意识，其结果是可想而知的。工作上的投机取巧或满足现状，也许不能给你的公司带来损失，但绝不会给你的公司增添光彩，长久下去，也许可以毁掉你的一生。因此，员工在工作中，不仅要主动工作，发挥才能，而且还要在工作中追求完美——制订高于他人的目标，并且实现它。

换个角度看老板

如果你不理解老板，你就无法成为老板需要的员工。

在公司里，老板与员工的关系既有和平共处的时候，也有发生矛盾冲突的时候。对于双方来说，处理好彼此之间的关系是至关重要的，因为老板与员工是一个利益共同体，老板给员工提供就业机会，而员工给老板带来利润。在一个既有优秀的企业文化又有完善的鼓励机制的企业里，员工不但享受老板提供的丰厚待遇，还应该从老板的角度着想，为企业未来的发展献计献策，努力工作。即使企业遇到暂时的困难，员工也应和老板一起同舟共济。从根本上讲，老板和员工不过是有不同社会分工的两个社会角色而已。我们如果关注一下那些成功者的简历，就会发现，他们大部分都是从员工到老板这样一步步走过来的，当然这些人有很多成功的因素，诸如性格、理想、勇气等等，使得他们通过努力坐到了老板的位置。

同样地，员工工作的过程也像老板一样，也是一个自我提升的过程。如果员工不能在工作中完善自我，那么就会"如逆水行舟，不进则退"，会跟不上时代的发展，更确切地说，不能为公司创造价值，而不能为老板带来效益的员工，在公司里是没有立足之地的。

有两个在一家房地产公司做业务的员工就是一个鲜明的对比。

苏迈的业绩一直追不上李奕，看着李奕渐渐地从基层的业务员逐步做到主管，薪水也不断上升，苏迈对此百思不得其解。在他眼里，李奕是一个挺笨的人，说话办事都有些死板。而自己总是能不失时机地把老板"逗乐"，而且处处顾及老板的"面子"，自己的业务水平虽然差些，但不是业务员中最差的，为什么升迁的不是自己呢？

比如，苏迈为了讨好老板，只要老板在场，不论什么场合，他对老板简直都是赞不绝口，而且处处表现出对老板的崇拜，他不仅用语言奉承，还在一次节日时给老板送礼，本来工资就不高的他，花了自己一半多的薪水到工艺品店给老板买了一个漂亮的礼物。可是，老板并没有收下他的礼物，还婉言谢绝了他的好意。虽然苏迈认为自己这次有些唐突，但他觉得自己的所作所为没有什么不好。

相反，李奕不奉承老板，李奕和老板说话时，苏迈都觉得李奕好像很紧张的样子。其实，李奕并不像苏迈认为的那样笨，他的工作成绩非常突出，每个月的销售排行榜他都在前三名。他的出色业绩源于他对工作的认真，他把时间花在了思考怎样做才能让客户满意上。销售工作需要业务员对工作熟悉，而且还要对客户耐心、细致、热情，李奕这种对工作的投入和认真使得他的业绩蒸蒸日上，也获得了老板的认可。

所以说，老板的眼光是犀利的，努力工作的人不用通过奉承老板来让老板认可，也不用通过"套近乎"让老板了解自己。做事情没有捷径，要实现个人发展的目的，让公司老板看到自己的业绩就可以了。

在一个集体中，如果成员都采用讨好老板的方式获得升迁，那么，工作如何进展？工作没有进展，企业又怎能存活呢？一个企业想要迅速发展，需要企业中的每一个人都脚踏实地好好工作，只有每一个人都付出了努力，才能汇集起一股强大的力量，成为一支具有战斗力的团队，最终获得成功。

在现实工作中，我们经常会看到一些受过良好教育、才华横溢却在公司里长期得不到提升的人，他们不从自身反省，反而养成了一种吹毛求疵和抱怨的恶习。他们根本无法独立自发地做任何事，只是在"被监督"的情况下才能工作。他们这样做的最根本的原因，是他们还没有悟透一个道理：努力工作并不仅仅有利于公司和老板，其实最大的受益者恰恰是员工自己。

因此，员工与老板的关系，绝不应该是冤家或仇敌，而应当是合作关系，是共同创造利益并使双方都获得成功的合作者。

在我们的工作中，员工一定要换个角度来看老板。要知道，在企业的经营中，老板是承担着最大风险的那个人。如果企业倒闭，员工可以到别的公司工作，但老板可能会赔得倾家荡产。在这种老板自己要承担高风险、高责任的情形下，如果你希望自己能够得到老板的认可和重视，就要有接受各种考验的心理准备。假如你以成绩证明了你对公司忠诚，你就会有更多的职业发展机会。

员工如果能够认识到，我是在为自己工作，那么，你将会发现工作中包含着许多个人成长的机会，这些无形资产的价值，是无法拿金钱、地位衡量的，因为最终受益者是你自己。所以，如果你能做到像老板一样热爱公司，忠诚于公司，一切为公司利益着想，自觉主动地以公司为家，把自己当作公司的一分子，任何有利于公司的事情都全力去做，将公司的发展当成自己的事业，那么，你一定会成为最受公司老板喜爱的员工。

优秀的员工以老板的心态对待工作，对工作质量精益求精。在工作中，他们总是多想一些办法，少找一些借口；干工作多一分细致，少一分马虎；多一些灵活应对，少一些敷衍应付；多一些认真责任，少一些逃避放弃。

一般来说，公司的老板喜欢踏实谦虚的员工，那些傲慢浮夸的员工很难得到老板的信任和喜欢。

俗话说"态度决定一切"，员工应以谦虚实在的态度对待工作，多思考、多实践，这样才能让自己更快地进步，并获得老板的重视和赏识。千万不要对自己不懂的事情装作内行，信口开河，夸夸其谈，应做个谦虚实在的员工，懂得沉淀自己、提高自己，懂得自己的能力是打开成功之门的钥匙。

员工和老板之间会有误解，很多都是由于信息传达不准确或是不能进行有效沟通造成的。因此，在工作中，员工要学会以适当的方式跟老板沟通。

工作中，员工可能会被老板批评。老板之所以批评你，就是因为他认为你有他值得批评的地方。聪明的员工应该明白这一点，应该虚心认真接受老板的批评，找出自己的问题所在。不顶撞老板，是对老板的尊重。员工在听到批评时，一定要沉住气，多倾听，不要针锋相对，不要口出狂言，这样老板会认为"这个员工很虚心，能成就大事"，很可能因此对你印象深刻。如果老板批评你是为了"杀一儆百"，你的认真倾听和虚心接受可能会让老板对你产生感激之情。所以，员工应该正确对待老板的批评，只要处理得好，很多时候，坏事也会变成好事。

员工如果骄傲，太把自己当个人物，无法容忍老板当众对你的批评，动不动就牢骚满腹，甚至顶撞老板，那么，虽然有时候可以获得一时的"痛快"，却往往会使自己和老板的关系恶化，并让老板认为你"不谦虚""目中无人"，认为"批评你不得"，进而失去对你的信任。

通常情况下，聪明的员工都不会当面顶撞老板，而是让老

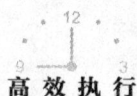

板把话说完，认认真真听老板"教诲"，然后单独找老板阐述自己的看法。这种方法很容易获得老板的认可和青睐。如果员工能够在老板"发火"的时候大度一点，给老板留"面子"，很多时候，老板事后也会反省，即使他没有向你明确表示歉意，也会感到自己所做欠妥。在其他事情上，老板有可能采用其他的方式给你"补偿"。

当然，一般情况下，老板是不应随便批评员工的，批评员工也是帮助员工成长的一种方式。所以，员工应该诚恳地接受批评，并从批评之中悟出自己做得不好的地方，改正自己的问题。

12

9 · · 3

6

高效执行素质五

公司喜欢
沟通型员工

→ 学会与老板沟通

→ 学会与同事沟通

→ 正确理解领导、同事意图

→ 高效执行，理解到位

学会与老板沟通

想要获得老板的认可，首先要创造更多的机会跟老板沟通。

沟通是人与人之间关系的桥梁，人与人之间的好感都是通过实际接触和语言沟通而产生的。员工要想在职场上获得成功，就不能封闭自我而不与老板沟通。不要认为与老板过多的接触会给自己带来更多的任务，应该多与老板接触、沟通，在任何时候，只要有机会就一定要抓住，这样才能了解老板，了解公司。

有很多员工不明白，为什么要与老板多沟通？他们认为，与老板沟通，还不如在工作中多努力，做实事。这些都对，但跟老板主动沟通，能使员工更快速地成长，因为主动跟老板面对面地接触，才能使自己真实地展现在老板面前，也才能让老板充分认识到你的才能。

有些员工在埋怨机会不平等，命运不公平，总是感觉自己碰不到表现的机会，没有施展才华的平台，比如，觉得自己没有其他同事有运气好，于是对自己越来越失去信心。其实，从工作整体上来说，机会对所有员工都是公平的，关键在于你是否善于抓住表现自己才华的机会。

赵曼是一个善于抓住机会的人，他现在已经是公司的副总经理了。赵曼所在的公司是一家大型的销售公司，公司里的员工都是业界精英，原来赵曼只是其中普通的一员。但是赵曼在工作中很努力、勤奋，工作之外，喜欢看一些销售方面的书籍，通常在公司学习到很晚才回家。过了一段时间，赵曼就发现一个现象：老板也和他一样很晚才回家，有时候甚至比他还晚。

一天，当赵曼准备回家的时候，刚巧碰到老板出来倒水，于是他就和老板打了个招呼，两人就此交谈起来。赵曼与老板谈话时，把自己在销售方面的一些策划、经营方法等说给老板听。老板听了赵曼的想法后，对他留下了深刻的印象。

后来，老板只要晚上还在公司，都会找赵曼聊天，时间长了，老板更加关注赵曼了，因为通过一段时间的沟通，他基本了解了这个年轻人。虽说员工中比赵曼优秀的大有人在，但是在工作之余关心公司发展的员工老板了解不多。渐渐老板认为，如果把赵曼调来协助自己，他将会是一个很好的助手，于是赵曼坐上了公司副总的位置。

赵曼不仅借助与老板的沟通，更快更好地领会到老板的意图，还把自己学习到、想到的好主意、好建议潜移默化地变成老板的新思想，让老板明白自己不仅能做好本职工作，还可以接受更多更重要的工作，所以赵曼深受老板的重视，最终得到提升。

小寒是朋友介绍到公司的，他的朋友在公司里是一个高层管理者。小寒在刚进入公司时，见了老板就噤若寒蝉，一举一动都不自然。即使是在述职时，他也是能免则免，或用其他方式来代替。后来，他的朋友对他说："在任何时候都要抓住机会与老板沟通，不要担心老板如何看待你，你只要用对待普通人的心态去对待老板就可以了。"经过一段时间的改变，小寒逐渐变得开朗，与老板见面大大方方，交谈自然，后来掌握了和老板沟通的技巧，自然也得到了老板的重用，现在他也是一个部门的主任了。

一个员工，只有主动跟老板面对面地接触，才能令老板认识到他的才能，才会有被赏识的机会。所以，在工作中，员工应该养成一种主动与老板沟通的习惯，这样，不仅自己才华能够显现，也能通过这种方式让老板了解你，重视你。

有两个大学生是很好的朋友，大学毕业后，他们都在找工作。在学校里，他们两个是教授最看好的学生，于是教授在朋友那里帮他们找到了工作，让他们到他朋友那儿去应聘助理。

第一个去应聘的学生叫李阳，在面谈之后的几天，他都没有给教授的朋友回话，原来他认为那里给的薪水太低。于是他打电话和教授说："您的朋友那儿薪水太低了，他只肯给600元月薪，所以我拒绝了他。我现在已经找到了一份薪水高些的工作，比那儿高出了500多元。"

第二个去应聘的学生叫陈军，他选择了在那家公司工作，虽然他的薪水只有600元。教授得知后打电话问他："那里的工资这么低，你不觉得很吃亏吗？而且对你今后的发展有没有影响，你没考虑吗？"

陈军回答道："我发现您的朋友在某些方面很有经验，我想在他那里多学一些经验，因为经验和知识永远比薪水更重要。从长远的眼光来看，我在这里工作将会更有前途。"

转眼几年过去了，李阳的薪水得到了增长，由每个月的1100元涨到了8000多元。但是陈军则由原来的600多元增长到现在年薪200多万，而且还坐上了公司副经理的宝座。

这个故事给我们带来了一个很好的启示，它告诉我们：找工作时，不要只看重薪水、工作环境、福利待遇等，这些都不是最重要的。薪水只是工作报酬的一部分，而且它所占的比例永远都是最少的。人在工作中所学到的经验、知识才是最大的报酬，经验、知识永远比薪水更重要，它带来的价值是薪水所无法比拟的。

作为员工，只要抓住机会，尽量多跟老板沟通，多向他学习，这样一来，久而久之，员工也会有一种老板的气质。一般来说，在模仿中学到的东西要比在其他方法中学到的东西多。比如，你的言行举止在很大程度上是从你周围的人那里学来的，而你的处世之道也有很多是从你的师长、家长、上级那里学到的，这都是无可否认的事实。员工向老板学习主要是因为老板优秀，而不是老板的身份。要知道老板之所以能成功，也是因为他工作有能力，身上有许多值得员工学习的经验和知识，而对于这些经验和知识，员工唯有找机会主动跟老板沟通才能够获得。

学会与同事沟通

沟通是消除误会、达成默契的最佳方式。

在一扇厚重的大铁门上，挂了一把坚实的大锁，有一个大铁锤想要把这扇大门打开，但是不论他怎样努力地向铁锁砸去，门都被他砸变形了，而那个铁锁仍然那么坚实地挂在铁门上。这时钥匙轻轻地走了过来，纵身一跃，那细小的身体就跑到了锁孔里，只见钥匙轻轻一转，没有费任何力气，坚实的大锁"啪"的一声打开了。

大铁锤有些不服气地问钥匙："你那么轻松地就把锁打开了，可是为什么我费了好大的力气也打不开它呢？"

钥匙微笑着对大铁锤说："道理很简单，因为我了解他的心啊！"

　　工作当中我们经常会碰到一些棘手的问题，在没有搞清楚事情的本质和解决问题的正确方法时，如果冲动行事，很可能浪费更多的时间与精力，到最后却还是完成不了任务。此时，我们需要的是有效的沟通，因为只有做好沟通，才能正确理解问题，才能找到解决问题正确的方法，才能更好地完成工作。

　　有些员工认为沟通能力是先天决定的，但事实证明，沟通能力是可以通过后天的努力与学习得到增强的。在工作中员工要养成多动脑的习惯，如果沟通的能力不够强，可以比别人多花一些时间去充实自己的大脑，比如向同事学习，向同行学习，向所有值得学习的人学习。只要谦虚好学，态度积极，与他人的沟通就会变得很顺畅。

　　人要想快速解决问题，就要花更多的时间去与能够帮助我们解决问题的人沟通，当我们通过沟通认清问题之后，行动才会变得更加高效。公司中员工与各位同事配合工作的时候，正确沟通对提高工作效率大有益处。

　　任何公司都需要有团队精神的支持才更能走向成功，而团队是需要具有团队精神的人来共同打造的。工作中没有全能的个人，但各具优势的成员却可以打造一个完美全能的团队。不论是大公司还是小公司，都不可能由一个人组成，因为一个人的能力再强，想要应对激烈的市场竞争，出色地完成工作目标，也做不到，而团队的整体配合能够做到。所以，作为团队中的成员，必须与同事多沟通，正确理解协作的意义。每一个同事都是整个团队中不可或缺的重要成员，就像是琴键上的每一个音符一样，少了哪一个都没有办法奏出完美动听的乐曲。

团队合作的意义在乐队中体现得最为明显，在一个几十人甚至几百人的交响乐队中，每个人都要在最为恰当的时刻演奏出最为完美的音符，一场完美的表演需要整个团队所有成员的默契配合。在一场表演中，有的乐手可能只有一次演奏机会，但是没有人会觉得他是多余或者是可有可无的，乐手自己也不会因为演奏和表现的机会太少而不去用心练习，整个团队每个人都相互理解、互为配合，他们懂得彼此之间紧密相连的团队关系。

企业中的团队精神是把团队中每一个成员的心紧紧连在一起的一种无形的力量，只有这种力量足够强大的团队，才能全心全意为了集体的共同目标和利益而奋斗。而在这个过程中，团队的成员之间要相互沟通，发挥各自的优势，相互补充对方的不足与

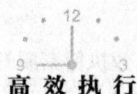

弱势，而不是相互挤压和排斥。

全球知名企业微软公司，就是一个将团队精神发挥到极致的企业。在该公司研发产品的过程中，参与开发的工程师和测试人员必须共同完成5000万代码的工作量，而这其中如果有一个数字出错，都会影响到整个工作的进程，如果他们的团队成员没有强大的团队精神和默契的合作，那么，这些研发工程将难以完成。

我们在工作中，总会遇到一些困难和阻碍，这时我们就需要别人的帮助。独立完成工作与有效地和别人开展合作并不冲突，团队合作要建立在每个成员完成各自工作的基础上，而每个人的工作又离不开其他成员的帮助与配合。一个公司就是一个团队，所有团队成员必须齐心协力，共同进步与发展，这样才能使公司受益，使公司每一名员工受益，创造出共同的美好未来。

有的员工提出过这样的疑问："其实我也明白同事之间应该相互合作，可是在具体工作当中，大家在一起完成一个项目的时候，总是有很多事情不能如人所愿地顺利进行，尤其是同事们之间的配合，总不能做到默契，往往在合作之初矛盾就已经存在了，即使领导们最终确定了工作计划，但是在完成的过程中仍旧有人不能充分认识并努力行动。"

现实的确是这样，团队成员之间要想要达到配合默契并不是一件容易的事，这需要团队成员之间首先建立相互的了解与信任，对于同事，除了工作场合的沟通之外，还应该花些心思去了解他们的个性特点和工作状态。要想让团队精神发挥得更好，同事之间应该相互理解、互谅，这种理解、互谅不仅仅是表面上的，而应该是以共同目标为基础的对彼此工作能力的信任。而要想做到这一点，同事之间的相互沟通与相互鼓励、相互支持是尤为重要的。

及时保持有效的沟通，与同事们取得默契的配合，这样才能更好地提高工作效率，高效执行到位。公司成员、团队成员应该明白，每个人都不可或缺，都有自己的工作，每个人都是整个团队中重要的人，而不是与相互竞争的敌人。

正确理解领导、同事意图

沟通是一座桥梁，一座架在所有人际关系中的桥梁。

有些员工总是觉得自己怀才不遇，满腔的抱负与才华无处施展，于是与朋友们抱怨自己运气不好，遇上了一个不懂得赏识自己的领导，甚至还经常为难自己。这类员工的结局可想而知，他们工作之路是不顺利的，倘若他们不改变心态，再好的平台，再好的领导，他们也会觉得不好。

小Q研究生毕业，不仅一表人才，还讲一口流利的英文和日语，在IT界绝对是个难得的人才，毕业后很轻松就应聘到一家外企做总裁助理。上班第一天，总裁走到他面前对他说："下午有个公司高层会议要开，你向秘书要一下会议资料，跟我一起参加。"

　　一直以来对自己充满信心的小Q，向秘书要了会议资料后，认真地研究起来，他想借着这次会议的机会，在公司领导面前展示一下自己的才华。可是整个会议开了两个小时，没有人关注到他的存在，直到会议结束，他始终没有任何机会发言。小Q感到有些失落，但这一次他没有表现出什么，他很认真地做了会议记录，心想总裁会后也许会找自己谈话的。

　　就这样，在第一个月里，总裁仍旧带着小Q出席一些重要的会议，可是从来不向别人介绍他，也不和他做更多的交流。正在小Q对这种工作状态感到很烦躁的时候，无意中他听到有几位同事在餐厅吃饭时议论总裁。他隐约听到其中一个人说，总裁是一个对人很苛刻的人，他的上一任助手就是受不了他的压制才被迫辞职的。

　　听到这些话，小Q越想越不对劲，他开始担心起自己的未来，他觉得自己很倒霉，原本第一份工作便找到自己心仪的公司是一件非常高兴的事，可现在却遇到了一个这样的上司，真不知道自己在这家公司还有没有未来。

　　小Q每天更加认真地工作，期待着总裁能给自己分配一些重要的工作。但是他等来的却是做一个月的店面销售状况调查，这种调查报告一般都是交给调查公司或者专门做调查的人去完成的，这么简单的事情却偏让自己去做，小Q虽然不满但也只好去做。一个月后，小Q整理出了近10万字的调查报告交给了总裁。但让小Q感到更加气愤的是，总裁竟然连看都没看，当着他的面把文件放到了办公桌的一边，只说了一句话："这个不行，请你再做一份报告给我。"

小Q又花了三天的时间，重新设计并整理好了一份报告交到了总裁那里，可结果还是与上次一样，总裁仍旧直接把小Q的报告丢到了一边。当小Q将自己的报告修改到第五次又被退回的时候，他放弃了。小Q不想在这个上司的手中浪费自己宝贵的时间，他接受了另外一家大公司的职位，他跳槽了。

或许当时的小Q是因为阅历有限，所以才没能正确地理解那位总裁培养自己的一番苦心。只要我们仔细想一想就会明白，当时总裁对小Q的工作安排绝对是在帮他快速进入工作状态，而调查报告并不是毕业论文，10万字确实是太多了，没有一个领导会有那么多的时间去看这样一份调查报告，他们需要的是精准简练有实际内容的报告。

上述案例中的故事或许在工作中经常会发生，作为员工，工作时有时候的确不能很清楚地理解领导或者是公司到底需要的是什么样的人才。很多员工都曾像小Q一样，觉得自己已经足够努力，也有足够的才华，但得不到领导的认可，其实领导对员工多一些时间考验，以使员工在工作中多一些社会实践、工作阅历，都是培养人才必经之路。员工不能轻易下结论，认为自己没问题和责任，是领导有问题。

其实，我们只要用心去换位思考一下，就能看出小Q的领导绝不是在刁难他这个新员工，小Q的问题出在年轻气盛，对工作理解情绪化，不能正确悟到领导的意图，假设小Q能够正确理解领导的意图与领导对他工作的期望，小Q一定会以自己的聪明才智在公司有一番作为的，但事实上他却由于自己的理解偏差，误会了一个思维清晰、具有很强执行力的优秀上级，同时也失去了在自己最心仪的公司的发展机会。

当员工面对自己的上级时，一定会学会正确理解领导意图，对不明白之处要去沟通，千万不要憋着不说，最后形成了对事情的错误理解，这样不但影响了上级的工作，也影响了自己的工作。

另一方面，对于领导者而言，要有凝聚力与感召力。一个优秀的领导者身后一定要有一个紧紧追随的团队，如果没有了团队成员的拥护与配合，再高明的领导也是孤家寡人。

杰克·韦尔奇是著名的商界领袖，他以出色的领导才能打造了一个"通用帝国"的神话。杰克·韦尔奇在自己的企业中率先推行了任人唯贤的人才选拔制度，这种制度充分激励了员工的进取心，让所有的员工信任公司，相信只要自己努力工作，公司一定会给予自己公平的待遇与发展的机会。尽管这一制度在最初由于触犯了一些人的利益而受到阻碍，但杰克·韦尔奇还是将其坚持到底，并以行动与事实证明了这种制度对通用的贡献有多大。

领导者在建立一种管理制度的时候，不能仅仅从自己的角度出发。一套合理的制度从建立到执行应该是统一的，接地气的，尤其要想保证制度的公平合理，保证它的可执行性与有效性，这一切都不能仅仅依靠领导者的主观臆断，或者是照搬一些他人的管理理论，而需要领导了解基层，了解员工们的工作状况和工作中存在的各种问题，以一种理解的态度与员工多沟通，只有这样，才能制定好管理制度，而非纸上谈兵。

古时候有个村庄里有一对很要好的朋友，由于他们的家乡受到战争的破坏，他们在同一天内失去了所有的家人，整个村子在一夜间变成了废墟，两家人中幸存下来的就只有他们两个人。从此他们结拜为兄弟，相依为命，立志要拜师学艺，为亲人报仇，报效自己的国家。

转眼几年过去了，两兄弟受到了高人的指点，学得一身武艺，并且熟读兵书。有一天，他们终于等来了参军报效祖国的机会，两个人来到了军中。

兄弟二人经过了几次战斗，很快便显示出了自己在作战上的才华，因此，两个人都得到了提升，哥哥与弟弟分别带领一支队伍。

哥哥是个心思缜密、懂得体恤士兵的好将领，作战懂得用计谋，从来不拿自己士兵的生命作赌注，所以，他得到了所有士兵的爱戴与拥护，加入他队伍的人越来越多，他的队伍成为一支无坚不摧、非常有凝聚力的队伍。

由于哥哥的队伍十分团结又有勇有谋，敌人们只要听到哥哥这支队伍的名字，就闻风丧胆。在他的带领下，队伍一天天壮大，立下了累累战功，哥哥甚至得到了元帅的亲自嘉奖。

弟弟是个心直口快、脾气暴躁的人，在作战中常常鲁莽行事。虽然他也作战勇猛，总是冲在士兵的前面，可是由于他过于

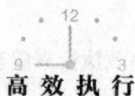

固执和独断专行，几乎每次战斗结束之后，他带领的队伍都会受到一定的损失。

久而久之，虽然他也收编了一些人员，但他队伍的规模与士气却远远不如哥哥的队伍。由于弟弟在作战中从来不考虑士兵的安危，所以在敌人的眼中，他是个杀人狂，在自己士兵的眼中，他也几乎好不到哪里去。他的队伍中的士兵开始偷偷地逃跑。终于在一次战役中，弟弟受敌围困，由于体力不支战死在一个山谷当中，而此时就在不远的地方驻扎着他所带领过的一群士兵，他们眼睁睁地看着自己的统帅被敌人围攻而死，却没有人愿意赶去援助。

孙子说："道者，令民与上同意者也，故可与之死，可与之生，而不畏危。"一个团队的成员不可能为了领导者的个人目标去牺牲奋斗，领导者与追随者只有在目标一致的情况下，才能够同生共死，不畏艰难。

自古"得人心者得天下"，如果一个领导者不能够得到自己团队成员的拥护与爱戴，他将注定是一个失败的领导者。

领导并不仅仅是权力的象征，领导首先要以身作则，凡事从大局出发。领导要有比别人更加博大的胸怀，对待下属要公平，要学会体谅下属的困难，给予他们正确的引导，带领团队勇往直前，而要想更好地做好这些工作，最重要的一点就是上下级要进行有效的沟通理解。

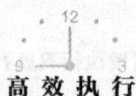

高效执行，理解到位

如果你希望成为一个高效执行的人，理解到位很关键。

工作中，要想高效执行，理解到位很关键。要想做到这一点，就要多倾听客户的心声，真正做到从客户的角度理解其需求。

某日，销售部的一名员工接待一个上门投诉的顾客，顾客拿着刚买的一台数码相机，十分气愤地说自己被骗了。这名销售人员不明白这位顾客为什么这样说，但还是客气地接待了她。

顾客十分激动地对这名销售人员说："我要退货，这台相机不是我想要的那个，我被你们的销售人员骗了。"接待这位顾客的销售人员觉得这个顾客行为过激，于是他十分平静地对顾客说："对不起女士，我们所出售的产品如果有质量问题，一周之内一定会接受退货，请问您这部相机有什么质量问题吗？"女士回答："这部相机不是有质量问题，是因为你们当初没有讲明它的电池需要单独购买，要是知道这一点我是不会买下它的。"

销售人员一听这话心里生气，这款相机本来就不带电池，顾客购买前验货的时候就应该知道，这分明是在为退货强找理由。于是销售人员不客气地答道："对不起女士，如果您的相机没有质量问题，我们是不能给您退货的。"听到这番话，顾客气得与销售人员争吵起来，店里的生意受到很大的影响，许多想要在此买相机的顾客纷纷离开了。半个小时过去后，问题非但没得到圆满的解决，两人争吵得更厉害了。此时，刚从另一个店里回来的销售经理走到了顾客面前，在听完顾客的讲述后，答应顾客以成本价卖给她一个可以与此相机匹配的进口电池，顾客终于满意地离开了，还大大地赞赏了一番销售经理。

为什么销售经理能够在短时间内圆满地解决矛盾，既让顾客满意又保证了公司的利益呢？

原因很简单，就是因为这个经理能够用心与顾客沟通，认真地分析顾客所遇到的问题到底是什么。销售经理从顾客的话中

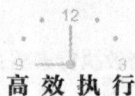

听出了她的担心与顾虑，他了解到退货并不是这位顾客的真正想法，其实这位顾客还是很喜欢这款相机的，她只是担心如果不能配上合适的电池会影响相机的使用，因此销售经理认为，只要打消顾客的顾虑，事情就很容易解决了。

这就是沟通能力在工作中的体现，良好的沟通可以让人们在互相理解中更加迅速地找到解决矛盾的方法。

"竞争对手"这个词在市场营销学中受到高度重视。工作中，在分析产品市场状况的时候，一定不能忽视对竞争对手的调查与分析。那么，应该怎样对待竞争对手呢？在工作中遇到一个强大的竞争对手，对于一个积极上进的人来说绝对是一件好事，因为竞争对手的存在会时刻提醒人们工作中要勤奋自律，竞争对手督促着人们不断学习，保持聪慧和清醒的头脑，只有这样，才能够把工作做好，完成一个又一个的挑战。强大的竞争对手并不是时刻威胁人们工作的敌人，而是帮助人们在工作中取得更大的成就与业绩的人，甚至有时还是朋友和合作者。

胡雪岩是清朝末年一位著名的商人，他在事业上的聪明才智被后人广为推崇。胡雪岩是个非常善于与别人合作的人，他十分清楚合作对于自己事业与人生发展的必要性，他将各个社会阶层的人都聚集在身边，以自己的事业为中心，与这些人展开协同合作。

由于他经营有方、处世有道，他得到了越来越多人的信任。他通过与王有龄的合作获得了升官的资本，通过与漕帮的协作在限定的时间内完成了粮食上交的任务，他甚至与曾经的敌人和竞争对手展开了合作。正是这种善于合作的品质，使胡雪岩从一个小学徒变成了称霸一时、流传千古的一代巨商。

这个世界上没有全能的人，人总有自己的优点与缺点，而在工作中，人们应该学会以别人的长处弥补自己的短处，要懂得协同作战的重要性。一个人的力量永远都是有限的，要想战胜工作中的所有困难，就必须学会与人合作，取人之长，补己之短，这样才能为自己赢取更多的竞争资本与成功机会。

合作其实是竞争的基础，那些没有合作的竞争只能算是肤浅的勾心斗角。假如有一块蛋糕被很多的人分食，每个人都想分到更多，如果在争抢的过程中这些人互不相让，其结果是等蛋糕被抢光之后，人们还得忍受饥饿。但是，假如人们多一些合作精神，能够联合起来想办法制作蛋糕，那么，蛋糕就会越做越大，人们就再也不必你争我抢且最终面临挨饿的结局了。

相信很多人都听过这样的话："一个和尚挑水吃，两个和尚抬水吃，三个和尚没水吃。"这段话是根据一个故事而得来的。故事里讲，在一座山上有一座寺庙，寺庙里原本住着一个和尚，这个和尚每天都十分勤快地下山挑水吃。有一天寺庙里又来了一个和尚，这时住在寺庙里的第一个和尚终于不再孤单了，他与刚来的第二个和尚每天都高高兴兴地下山抬水吃。不久以后，寺庙里又来了一个和尚，他们三个就开始为了哪一个下山去挑水而争执不休，没有一个人愿意下山去挑水，每一个人都想留在山上等着别人把水挑上来喝。

这个故事讲的就是人与人之间因为缺少合作精神而导致的不良后果，这种现象其实也经常发生在人们的工作之中。在工作中有些人存在懒惰心理，缺少合作精神，不能主动承担责任、完成自己分内之事，最终影响了整个团队的工作。

在现代社会，竞争是普遍存在的，公司与公司之间存在竞争，员工与员工之间也存在竞争，只不过竞争的层面有所区别而已。随着时代的进步、科学技术和市场经济的发展，竞争的趋势也在不断地增强，员工要想在竞争如此激烈的时代中占有一席之地，就必须正确地理解竞争对手对于自己的意义。

现代企业在管理中都非常重视"团队精神"这个概念，实际上就是希望员工之间要相互协作，与别人默契配合并发挥自己应有的作用。而合作的前提，是双方必须敞开心扉去沟通，去接受。

"现代管理之父"德鲁克说："一个人在与他人合作时，必须知道该说什么、什么时候说、对谁说以及怎么说。"人只有在充分沟通的基础上才能互相理解，实现有效合作，才能有机会在与别人展开真正意义上的竞争的同时，让自己获得更大的发展。

高效执行素质六

公司喜欢
创新型员工

→ 创新是第一生产力

→ 创新背后是敢于挑战的态度

→ 创意生成的几种方式

→ 让创意成为一种生活方式

→ 敢为天下先

创新是第一生产力

主动创新的人会得到意想不到的收获。

思维是人类最本质的特征，是人类一切活动的源头，也是创新的源头，有了创新思维人才会有更强的生产力。

要想培养创新思维，就要在认识事物、研究问题时从多角度、多方位、多层次、多学科、多手段去考虑，而不限于一种思路、一个答案。

有这样一道智力测试题：有三个人坐在同一个热气球上，由于热气球的燃料不足，需要把一个人扔下去以减轻气球的重量。其中一个是环保专家，他的研究可以拯救因环境污染而身陷绝境的生命；另一个是原子能专家，他可以防止全球性的原子能战争，避免生灵涂炭的惨剧发生；还有一个是粮食专家，他可以使不毛之地长出庄稼，拯救处在饥饿中的人们。如果是你，你会选择哪个呢？其实答案很简单，就是把最胖的那个扔出去。

回答这个问题，最关键的就是要跳出固有的思维方式。因为人的大多数想法都是从既有的知识和经验中来的，这即是惯性思维。而惯性思维往往阻碍创新思维，因此人们需要从惯性思维中跳出来，不被原有的经验、认识所遮蔽，才可能有所突破、有所创新。

惯性思维是人创新的最大障碍。很多人不敢创新，或者不愿意创新，是因为他们头脑中关于得与失、是与非、安全与冒险等价值判断的标准已经固定，这种固有的模式阻碍了他们的创新思维，也让他们失去了更好的发展机会。

拿破仑戎马一生，经历过许多的战争，在著名的"滑铁卢之战"之后，被流放到一个小岛上，传说发生了这样一个故事：

拿破仑的一位善于谋略的好友，通过秘密的方式给他捎来了一副用象牙和软玉制成的国际象棋。拿破仑爱不释手，在棋盘上他又可以征战"沙场"，纵横捭阖。他总是一个人默默地下象棋，并乐此不疲，以此打发寂寞的时光。

象棋被磨得光滑透亮，没过多久拿破仑就去世了。这副陪伴拿破仑度过余生的象棋经过多次转手拍卖，成为了无价之宝，后来一个拥有者偶然发现，有一枚棋子的底部居然可以打开，里面塞有一张如何逃出孤岛的详细计划。拿破仑只是想到了象棋是用来消遣的，却没有想到其中暗藏的玄机。

这个传奇般的故事带有一点悲剧色彩，有时人的失败往往就是惯性思维导致的，它让人们失去了创新的智慧，错过了很多成功的机会。

现今，许多创新成果都来自于人转换角度思考问题，甚至有些最顶尖的科学发明也是如此。爱因斯坦说："把一个旧的问题从新的角度来看，这就是成就科学进步的主因。"著名的化学家罗勃特·梭特曼发现了带离子的糖分子对于离子进入人体的重要性。他想了很多方法来求证，但却没有成功，直到有一天，他突然想到何不从有机化学的观点来证实这个问题，结果实验成功了。

人要想真正发挥创新潜能，除了要有敢于尝试与创新的意识，还必须精心培养自己的创造力。

那么，我们怎样做才能最大程度地挖掘自身的创新能力呢？

第一，当我们有新鲜的想法时一定要及时记录下来。其实，在创新领域里，从来就不存在"馊主意"之说。也许你的某个想法在三年前不合时宜，但三年后却可能成为一个绝佳的点子，而且那些看起来荒谬怪诞的想法，往往能激发你的创造力。如果你能及时地将自己的想法记录下来，那么，当你需要某些思维的刺激时，就可以从回顾之前的想法着手。这样做不仅仅是给旧想法一个新的机会，更是一种重新思考、重新整理的过程。在这个过程中，你更容易制订出创造性高的新计划。

第二，遇事要深入思考。如果你对任何事情都只看表面现象，那么你永远领悟不了隐藏在其中的真正含义，自然也无法提高自己的创新意识。所以思考很重要，尤其是深入思考。

创新者总是通过表象去寻找出真正的问题所在。他们从来不把出现的事情表象看作是理所当然的结果，也从来不把事情视为一成不变。他们敢于提出疑问，敢于质疑那些不明确的问题，有些似乎是一时冲动下提出来的问题，往往包含着更多的创新性思维。

第三，创新者勇于把自己的想法表达出来。当人们有想法时，一定要勇敢地表达出来。很多人觉得如果自己的想法不成熟或是不切实际就不把它表达出来，担心会遭到别人的否定甚至是嘲笑。这种想法是创新性思维的一大阻碍。因为潜意识中的"自我审查"会将一切离奇的想法都视为"杂草"，加以铲除，而其中可能就包含着创新的"种子"。所以，要把你觉得异想天开的想法说出来，让它们从头脑中解放出来，这样能使你有机会更仔细、更充分地去探索和思考，去发现它们真正的价值。

第四，时刻保持创新的激情。一个人做事如果没有激情就不会有动力，就不会渴望创造，就会妨碍创造力的发挥。发明家和普通人的一个重要差别，就在于发明家总是能保持创新的激情，对身边所发生的事情积极地去思考，并善于从中发现创新的机会。

第五，集中注意力。在飞速运转的社会里，许多人都变得越来越浮躁，总是"左顾右盼"、"东张西望"，不能把注意力集中在一件事上。这样的人是很难取得创新成果的，因为专注是创新的必要条件。

有个数学难题一直困扰着数学界人士，大家一直想解决，可一直没有人能够攻克。忽然有一天，有消息传出，一个博士终于攻克了这道数学难题，更让人惊讶的是，这个博士并不是数学博士，他只是用业余时间来研究这道数学难题。于是各大媒体都去采访他，记者问他："你用了多长时间解开这道数学难题？"他的回答是："我用了三年里的所有星期天。"

数学家都没有能解决的难题却让一个"外行"解决了，而且他还只是利用自己的业余时间去研究这道难题，并且成功了。这并不是因为他有多高的天分，而是因为他拥有专注的力量。所以，一个人无论做什么事情，只要能够完全集中精力去做，必定能收获成功的结果。创新也是同样道理，如果能把自己的精力集中到一件事情上，就能够全心全意地去思考其中的问题，这样就能深入地了解一件事情，对此进行思考，进而也就更容易萌生新的创意。

第六，将想法付诸行动。再好的想法不付诸行动也都是空谈。大发明家爱迪生说："天才是百分之一的灵感加百分之九十九的汗水。"这是他的至理名言，也是他的经验之谈。所以，有想法之后要马上付诸行动，千万不能让创意溜走，要让其在思考分析中成为创新的"火炬"。

科学技术的不断发展就是人类依靠神奇的创造力实现的，科技创新改变了人们的生活，使人们的生活更加丰富多彩。创造性的思维不仅仅是应用在科学技术上面，工作中也充满了创意，即

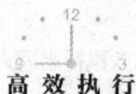

便是一道富有创意的菜肴，一件富有新意的时装，都会给人们的创新带来成果。

20年前，管理大师德鲁克就说过："不创新，即死亡！"可见，创意是人打开财富和成功之门的一把钥匙。无论你在哪个行业，从事何种工作，创新精神都起着至关重要的作用。对于身处职场中的员工而言，创新精神更是不可或缺，一个小小的创意也许会给企业发展带来翻天覆地的巨变，同时会为个人的事业发展注入强劲的动力。

徐某供职于一家造纸厂，是厂里的销售员，在那里他一干就是10年。10年间，先后有不少和他一起进厂或者是比他晚进厂的同事获得升迁，成了他的顶头上司，还有的独自负责另外一个部门的工作，而他依然是一名普通的销售员。他对这样的待遇非常不满，时常对同事抱怨自己的情况，他觉得自己算得上厂里的老员工，应该得到提升。

他的话传到了厂长那里，厂长一直关注着工厂里每个员工的情况，尤其是老员工，因为厂长认为一个工人能干这么长的时间，不管是什么原因，都代表了一定的忠诚，这样的员工如果有能力，那肯定是要重用的。

他听到徐某的情况后，把徐某叫到办公室，告诉他："我听说了你的一些情况，我为你没有得到提升感到难过。但是，你想过没有，为什么别人能在很短的时间内得到提升？这些人肯定有他们自己独特的优点，你应该反省一下自己，想想自己是否在工作中动脑筋思考问题，因为工作是需要不断创新的，而不能墨守成规。"

徐某回来后仔细思考着厂长的话，他一直认为自己各方面的条件都不比别人差，但是，别人为什么就能够获得提升呢？他认真地反省自己，并对自己和别人的工作态度、方法进行对比分析，从中找到了答案，那就是别人工作时，善于变换思路，能结合当前的市场情况进行创新，能不断满足客户的需要。找出问题的关键所在后，徐某意识到：只有激发自己的潜能，通过创新，让厂里的产品吸引消费者，这样才能把自己的工作业绩提上去。

在之后的工作中，他一直提醒自己做每件事情之前一定要多思考，尽量发挥自己的创新性思维。有一次，他在向洗衣店推销纸板时得知：洗衣店会在每一件烫好的衬衣的领子上放上纸板，以防止其变形。徐某就想："如果能在纸板上印上洗衣店的广告，这样再低价卖给洗衣店，洗衣店会很高兴，这样做不仅可以扩大纸板的销售量，公司还可以赚到一笔不小的广告费。"

他把自己的想法告诉了厂长，厂长觉得非常好，并立即予以采纳，结果他的这个创意果然为公司赢得了一笔可观的利润。此后，徐某找到了新灵感，他又想：对于消费者来说，取到衣服后就会把那张纸板扔掉，如何让客户保留这些纸板和上面的广告呢？可以在纸板的另一面印上各种信息，比如：孩子喜欢的拼图游戏、美味食谱或一些小游戏方案等。这样就可以为洗衣店赢得客户，也就能扩大纸板的销售量了。徐某这个创意不久也被工厂采纳了。

就是这样一个小小的创意，给造纸厂带来了不小的利润。徐某也从中发现：原来销售并不是一项简单、机械的工作，只有加上一些创意，才能收到最好的效果，而他也很擅长这方面的工作。不久，厂长就给他升了职。

英国戏剧作家萧伯纳很瘦，在一次宴会上，一位"大腹便便"的资本家挖苦他："萧伯纳先生，一见到您，我就知道世界上正在闹饥荒！"萧伯纳听了不仅不生气，反而笑着说："哦，先生，我一见到你，就知道闹饥荒的原因了。"

"司马光砸缸"的故事也说明了同样的道理。常规的救人方法是从水缸中将人拉出，即让人离开水。而司马光急中生智，用石砸缸，使水流出缸外，即水离开人，这就是通过逆向思维所取得的一种突破。

也许有些人会这样想：我做的工作再简单不过了，根本不需要创新。其实，创新和所从事的工作是简单还是复杂没有任何关系。人无论做什么工作，只要肯动脑筋，善于突破常规，大胆地去创新，都将因此而受益良多。所以，要积极地提升自己的创新意识，时常问自己：现在所面对的这件事情，除了常规的解决方法以外，还有没有另外的解决办法能把这件事情做得更好？如果我们做工作的时候能保持这样的态度，就可以不断创新，不断进步。

创新背后是敢于挑战的态度

> 勇于创新的人都是敢于面对挑战的人。

打破条条框框、敢为天下先的创新精神是创新者的共有的品质。创新者遇事喜欢思考，喜欢动手，对惯常的观念采取怀疑和批判的态度。

天文学家厄曼诺·博拉就是这样一位敢于打破常规而不落窠臼的人。从伽利略的第一个小望远镜到当时最新型的400英寸的凯克望远镜，望远镜在体积聚光能力方面发展得快，但它们的共同点是镜面都是用玻璃制成的。

博拉博士在加拿大魁北克省拉瓦尔大学的实验室安装了一部全新的望远镜——其主镜是一个8英尺宽、装有液汞的浅池。这不是天方夜谭，这个目前还在不停地旋转的直径8英尺的镜面，是由于旋转使液汞扩散形成的一个光滑的抛物面，甚至比打磨得最好的玻璃还光滑。液面太空望远镜非常适用于宇宙学研究。

博拉的成功，在于他敢于想前人所不敢想，做前人所不敢做。由于液体太空望远镜造价仅是同样规格玻璃镜面的八十分之一，而且可以打破尺寸的限制，因此得到广泛的应用。

其实，不落窠臼，敢为天下先，虽然是成功的一条捷径，但也难免招致他人的怀疑与误解。此时，最好的办法就是：锁定目标，走自己的路，让别人去说吧！只有这样，你才有可能实现突破与超越，创新与飞跃才会属于你。

中国资深传媒人士杨澜说过："万无一失意味着止步不前，那是最大的危险。"人为了躲避平庸无奇的"险"，去冒创新的"险"是值得的。

1865年，美国南北战争宣告结束，北方工业资产阶级战胜了南方种植园主，美国避免了被分裂的危险，但林肯总统被刺身亡。

全美国沉浸在欢乐与悲痛之中，既为美国的统一而欢欣鼓舞，又为失去了一位可敬的总统而无限悲恸。

后来的美国"钢铁巨头"卡内基却从中看到了事情的另一面。他预料到，战争结束之后，经济会很快复苏，钢铁的市场需求量会与日俱增。于是他义无反顾地辞去铁路部门报酬优厚的工作，合并由他主持的两大钢铁公司——都市钢铁公司和独眼巨人钢铁公司，创立了联合制铁公司。同时，他让弟弟汤姆创立匹兹堡火车头制造公司，经营苏必略铁矿。

上天赋予了卡内基绝好的机会。美国击败了墨西哥，夺取了加利福尼亚州，决定在那里建造一条铁路，同时，美国规划修建横贯大陆的铁路。在这种形势下，卡内基克服重重困难发展钢铁事业，还买下了他人与钢铁有关的专利。

但在1873年，经济大萧条的境况不期而至。银行倒闭，证券交易所关门，各地的铁路工程支付款突然被中断，现场施工戛然而止，铁矿山及煤山相继歇业，匹兹堡的炉火也熄灭了。

在最困难的情况下，卡内基却反常人之道，打算建造一座钢铁制造厂。他走进股东摩根的办公室，说出了自己的新打算，并寻求合作，因为他认定萧条时期建厂的成本会比平日低一半左右，他要抓住这个良机。

结果，成本比他原先的预想少多了，这令卡内基兴奋不已。

　　1881年，卡内基与"焦炭大王"费里克达成协议，双方投资组建佛里克焦炭公司，各持一半股份。同年，卡内基以他的三家制造企业为主体，联合许多小焦炭公司，成立了卡内基公司。

　　卡内基公司的钢铁产量占全美钢铁产量的1/7，逐渐发展为垄断型企业。

　　卡内基敢于突破常规，也敢于利用逆境促成的良机，他抓住逆境特有的有利因素，走向了成功之巅。

　　无论在哪个时代，个人和团队都必须有新的创意来推动企业发展。当个人或团队遭遇困难，比如销售业绩出现问题、产品质量遭到质疑时，一个小小的创意也许能改变这种被动的局面。现代化的时代更要求人们必须具备创新精神，因为如果不懂得创新，照搬照抄别人的成功经验，是不会有所成就的。

　　一个公司想要打开全新的局面，就必须有突破常规束缚的创新精神，创新精神能把"不可能"变成"可能"。一百多年前的科学界几乎达成了一个共识，那就是用金属制作的机械不可能飞起来。但是工人出身的莱特兄弟偏偏对这个理论怀有质疑，他们坚信科学家们认定的"不可能"的事是可以实现的，经他们反复研究，无数次的试验，他们终于把"不可能"变成"可能"，造出了飞机。

要想把"不可能"变成"可能"，首先要有挑战"不可能"的勇气和胆识，要相信创意无处不在。下面这个美国出版商的故事，就是一个很好的例子。

一家美国出版商有一批滞销书久久不能出手，这使得发行员杰里深感苦恼。如果这批书再卖不出去的话，老板只能把书当成废纸卖掉，或者是打成纸浆。但不论是哪种处理方法，对于杰里来说都是很大的损失，他会因此拿不到奖金，可能还要被扣工资，甚至会被解雇。

杰里决心改变现状，他苦思冥想，想到了一个办法。当他把想法告诉老板后，老板并没有抱太大的希望，但他还是勉强让杰里试一下。

杰里和现任总统曾有一段同学之谊，于是，他送给总统一本书。忙于政务的总统哪有时间来看他的书，为了应付他，便说了一句："这是一本好书。"

这个回答正是杰里想要的，他回去就制作了这样的一条广告：这是一本总统先生喜欢的书，欲购从速！

没过几天，那批书全都卖出去了，滞销书一下子变成了畅销书。

之后，杰里又拿了另外一本书给总统送了过去。总统听说了上次的事情后，不敢轻易给出好的评价，就说："这书不怎么样。"

不过，这样的回答也没有难倒杰里。杰里回去后这样做广告："这本书是总统认为最糟的一本书。"结果书又被抢光了。

第三次，杰里照样拿了一本书送给总统。这一次，总统没做任何评价。

于是，杰里又这样做广告："这本书，总统也无法确定是好是坏，欲购从速。"结果这批书还是被一抢而空。

杰里实施完这个计划之后，毫无疑问地成了公司里业绩最好的员工，自然也就得到了更多的奖金和表扬。

人思考问题的方式往往局限在常规模式下，在遇到相似问题的时候，就会走常规的路线，这样的好处是能少走弯路，节省时间。但是，要想有所创新，就得打破这种常规，不能陷入惯性思维之中，要有勇气进行新的尝试，另辟蹊径，走出一条更新更好的道路。

创意生成的几种方式

提升创新能力是有方法的，是有规律可循的。

方式一：拥有冒险精神。

1929年10月，美国经济大萧条，华尔街股价暴跌，而这时，小洛克菲勒却做出了一个决定：建立洛克菲勒中心大厦。这是一个集娱乐场所和商业办公楼为一体的庞大建筑群，一个新的纽约市地标，可为全美国的商业建筑提供标准。

然而，在当时的情形下，对于这位世界上最大的财产的继承人来说，建造这大厦同样存在困难。大厦建造费约1.2亿美元，其中4500万美元是小洛克菲勒经私人担保向保险公司举借的贷款，其余的资金全是他自己筹措的，小洛克菲勒甘愿冒一次险。

在当时的美国，兴建这样一个庞大的建筑群，是一项非常富有挑战性的工作，他的举动被一些经济学家批评，甚至嘲笑为"洛克菲勒蠢事"。

小洛克菲勒对于这些嘲讽充耳不闻，在大厦营造期间，股价在继续下跌，但他丝毫没有产生动摇。

洛克菲勒大厦落成时，他已经65岁，这座大厦不仅代表了小洛克菲勒一生最辉煌的成就，还为他的家族增添了光辉。

敢于冒险是一种勇气，一种不害怕失败的勇气，一种不在乎得失的勇气。只有敢于冒险的人才能成功。

现今，社会每天都在发生着或大或小的变化，这些变化往往会给人们带来许多不可预知的机会，但若要把握住这样的机会，就必须要有冒险精神。

当然，有的人能在冒险中大获全胜，和他前期所做的工作是分不开的。有的人在冒险中有创新，是一种幸运。我们不提倡那种毫不思索的盲目冒险，或者是没有任何心理准备和行动准备就开始的冒险。人想要降低风险，就要对风险有一个全面的认识。有些人正是因为对冒险有所准备，所以常常能看到别人看不到的机遇。

朱元璋小时候家境贫寒，但他有常人没有的魄力和胆识。一天，朱元璋和伙伴们在山坡上给地主放牛，晌午时分，大家肚子都很饿，但是，还没到下午，谁也不敢提前回村。

大家议论纷纷，有的人说地主家整天鱼肉满桌，自己却连肚子都填不饱；有的人说地主不放牛却有肉吃，自己整天放牛却没有肉吃。大家正为了肚子饿发愁，朱元璋突然站起来，对伙伴们大声说："眼前就有现成的肉，我们不如宰一头小牛吃。"

别的孩子一看有人带头，纷纷响应，在朱元璋的指挥下，一头小牛就被他们烤了吃个精光。牛吃完了，问题来了，大家回去怎么交待呢？这时，朱元璋又出了个主意，他叫大家把牛的皮骨埋了，把血迹也清理干净，然后把牛尾巴插在石头缝里。

放牛回去后，朱元璋主动告诉地主，说小牛陷到石缝里去了，只剩下尾巴露在外面拔不出来。这样的谎言地主怎么会相信，朱元璋挨了一顿毒打，被赶了回家。虽说这件事朱元璋想得太简单，也付出代价，但他在孩童时期，就比别人多了几分勇气和魄力，为以后成就伟业奠定了冒险基础。

由此可见，敢于冒险，需要有魄力，不能有顾虑而不敢果断地采取行动。

方式二：要有魄力。

有这样一则寓言故事：

院子里拴着一头毛驴，毛驴的左右两边各放了一堆青草，毛驴犯难了，先吃哪一堆呢？在它犹豫不决时，院子里来了一群牛，把两边的草围了个水泄不通，结果那头驴什么也没有吃到。

这虽然只是一则寓言故事，却从一个侧面告诉我们，遇事不能犹豫不决、举棋不定，不然，就只能像那头毛驴一样坐失良机、一无所获。在现实生活中，有太多像这头毛驴一样的人，他们总是要反复考虑周全之后才去做一件事，殊不知，在他们反复考虑的时候，机会已经被别人抢占了。

德国大诗人歌德这样说："你若失去了财产，你只失去了一点；你若失去了荣誉，你就丢掉了许多；你若失去了勇敢，你就把一切都丢掉了。"很多事情就是这样，如果你一直在犹豫不决、瞻前顾后，就会有越来越多的因素让你觉得时机还没有成熟；可是一旦你勇敢地迈出了第一步，你就会发现，事情原来并非当初你认为的那样。

在一家效益不错的公司里，总经理有一个奇怪的规定："谁也不许走进8楼那个没有挂门牌的房间。"他没有解释为什么，但员工们都牢牢记住了总经理的叮嘱。

一个月后，公司招聘了一批新员工，总经理对新员工又交代了一次这个奇怪的规定。

"为什么？"有个年轻人小声嘀咕了一句。

"不为什么。"总经理满脸严肃地答道。

年轻人回到岗位上，还在思考着总经理的叮嘱，其他人劝他不必考虑太多，按总经理的要求去做就行了，但这个年轻人偏要走进那个房间看看。他轻轻地叩门，没有反应，再轻轻一推，虚掩的门开了，只见写字台上放着一个纸牌，上面用红笔写着：把纸牌送给总经理。

当他将那个纸牌交到总经理手中时，总经理宣布了一项惊人的决定："从现在起，你被任命为销售部经理。"

"因为我把这个纸牌拿来了？"

"不错，我已经等了快半年了，你是第一个把纸牌拿来的人，相信你能胜任这份工作。"总经理充满自信地说。

正如总经理所料，这个年轻人上任后，销售部的工作业绩果然不断攀升。

事实上，一个人是否有魄力是由其长期形成的性格和习惯所决定的。有的人认为那些有魄力的人从小胆子就大，是天生的，而自己天生胆子就小。我们不否认这种先天因素的存在，但是，人的性格一部分是来自于父母的遗传，而另外一部分则是通过后天养成的。所以，做事情优柔寡断的人可以有意识地培养自己的魄力，从小事开始做起，锻炼自己的胆量和勇气，慢慢地就会有所突破。

所谓的魄力十足，就是指人们在面对机会时能够勇敢地接受，因为机会不会在你犹豫之时还为你停留，机会往往在你犹豫不决的时候悄然溜走。有魄力还意味着敢做敢当，因为承担责任是需要勇气的，很多人之所以不敢抓住机会，一部分原因是他们害怕承担责任。所以，能够在困难面前力排众议，果断地确定自己的目标然后行动，这就是魄力。

方式三：勇于挑战极限。

成功往往需要孤注一掷的勇气，有勇气的人才能享受成功带来的喜悦。至于如何趋利避害，以最小的风险换取最大的利益，则是个技巧问题。

在某一年的国际名酒博览会中，中国名酒茅台首次参展。那时茅台酒虽然在中国享有盛名，但是在国际上却还是默默无闻。

会上展出的名酒都有着美丽高级的包装，茅台酒却因为没有好看的包装而乏人问津。

展览会眼看就要结束了，经过茅台展位的来宾，都是看一眼就匆匆离开，负责展示的人员看到这种情况，又急又无奈。

这时一位展示人员灵机一动，"失手"打破了一瓶茅台酒，场内顿时香气四溢，许多来宾闻香而来，不多时，展位上就聚集了大批观众。

也因此，在这一次展览会中，参展的中国酒厂接到了大批订单。从此，茅台酒在国际上有了市场。

冒险可以给人带来一些全新的体验，一些人所未知的领域的体验，可以说，冒险的体验正是人进步的本源，因此人对于未知的事物完全不必心怀恐惧，也不必费心做那种无谓的尝试，比如把生活中的方方面面都规划好。生活可以规划，但更多需要创新；工作也可以规划，但同样需要创新。对于不可预知的未来，人没有必要担心、惧怕，应该具有敢为人先的冒险精神，敢于打破内心的"枷锁"，去体验冒险给你带来的快乐。

看看这个小故事：有一天，龙虾与寄居蟹在深海中相遇，寄居蟹看见龙虾正把自己的硬壳脱掉，露出娇嫩的身躯。寄居蟹非常紧张地说："龙虾，你怎么可以把唯一保护自己身躯的硬壳也放弃呢？难道你不怕有大鱼一口把你吃掉吗？以你现在的情况来看，连急流也会把你冲到岩石里去，到时你不死才怪呢！"龙虾气定神闲地回答："谢谢你的关心，但是你不了解，我们龙虾每次成长，都必须先脱掉旧壳，才能生长出更坚固的外壳，现在我面对的危险，只是为了将来发展得更好而做的准备。"寄居蟹细心思量一下，发现自己整天只找可以避居的地方，却没有想过如何令自己成长得更强壮，难怪自己永远都没有发展。

是啊，工作和生活永远是变化无穷的，人每天都可能面临新的挑战。假如你不敢冒险，就会失去斗志。要想成功就必须敢于承担风险，因为冒险与收获常常是相伴而生的。风险和利益也是成正比的，巨大的风险能带来巨大的利益。要想有卓越的成果，就要敢冒风险，冒险意味着离成功更近一步。

方式四：挖掘自己的潜能。

每个人的体内都潜伏着巨大的潜能，这种潜能一旦被激发，就能为个人发展注入强劲的动力。因此，我们必须重视它，并挖掘它。

有一个铁匠，他的儿子从小就非常聪明，而且很爱学习，铁匠为此很欣慰也很高兴。

一天，他做生意的老朋友来家里做客，两人说起了儿子的事。这个老朋友问铁匠："你儿子也长大了，现在还和你学打铁吗？"

铁匠这样说道："他很听话，而且学什么都快，我的手艺已经让他学得差不多了。"

"那么，老朋友，你是否想过，你的儿子现在就像一粒埋藏在土里的金子一样，完全不能发出他应有的光芒，即使跟你学一生，他也不能出人头地。你应该让他出去看看外面的世界，让他走一条全新的路。"这位朋友这样说道。

"不行，如果让他走出家门，他是不习惯的，我敢说，他一辈子都学不到什么。但如果让他和我一样打铁，虽然不能出人头地，但是养家糊口应该没有问题。"

铁匠和老朋友的谈话被儿子无意间听到了，他很伤心，他在心里问自己："为什么我就不行呢？"同时，他感受到了心中奔涌着的那股反抗力量。这种力量好像潜伏已久，突然之间变得不可抑制。原来，不安于家庭平淡生活的潜能终于从他的体内迸发出来，他相信自己闯一闯有好处。后来他拿着一些路费跑到了城里，并走上了艰苦创业的道路。最终，依靠自己的努力奋斗做出了惊人的事业。

其实，每个人都有潜能，这种潜能需要在一定的环境中去激发和挖掘，否则，潜能就会像深埋在土里的金子一样，永远散发不出耀眼的光芒。

那么，如何发掘自己的潜能呢？

其实，一个人潜能的激发与朋友、亲人的信任和鼓励有着很大的关系。所以，你要努力接近那些了解你、信任你、鼓励你的人，因为他们给予你的鼓励、信任和赞扬对你激发潜能有着很大的帮助，对你日后的成功也有着莫大的影响。你还要多接近那些在社会上取得成功的人，因为他们志趣高远、抱负远大，你接近了这些人，就会慢慢地感受到他们散发的成功者特质，进而养成奋发向上的品格，也会因此而激发出自己更多的潜能，取得更大的发展。

让创意成为一种生活方式

创意是创新的基础，它存在于各个方面，需要人们"抓住它"。

人要想得到发展就需要拥有创新精神。员工不论是工作在哪个层次的都要具备这一条件。现代社会充满竞争，想要应对激烈的竞争，就必须让自己养成勇于创新的好习惯。成功人士会从创新的角度去思考问题，抓住身边的每一次创新机会，使自己引爆创意，获得飞跃式的发展。

历史证明，很多伟大的创意都来源于生活、工作，提出这些创意的人靠的不是他们的聪明才智，而是他们看待问题的方式。这些人对生活充满了热爱，对工作充满了渴望，希望可以通过努力让生活得到进一步提高，让工作迈上一个新台阶。

而作为一名员工，养成勇于创新的好习惯也是一件相当重要的事，如果能时刻留意工作中遇到的问题，就很有可能在其中找到创新的机会，从而使自己的职业发展取得突破。

1952年，日本的东芝电器集团因为积压了大量的电扇，导致产品不能正常生产，所有领导以及员工都对积压的产品感到头疼，一时间他们拿不出有效的销售办法，这一问题直接影响到了企业未来的发展。

当所有人都为此感到无奈的时候，一名员工提出了这样一个想法："我们为什么不改变电扇的颜色呢？如果我们试着增加颜色，也许产品会得到消费者的欢迎。"当时所有公司生产的电扇都是黑色，没有谁想到把电扇改成其他颜色。这名员工的想法得到了领导的采纳，积压的电扇改变了颜色。当一款蓝色的电扇上市以后，掀起了民众购买的热潮。这个员工一个简单的创意不但使积压的产品很快销售一空，还给人们的生活增添了色彩，从此，日本的电扇不再是单一的黑色了。

只是一个简单的颜色改变，为什么在此之前就没有人能想到呢？原因就是其他的员工没能对周围的事物进行仔细观察，他们缺少创新的习惯。而提出这个想法的那名员工，在企业遇到困难的时候，采用创新的方法帮助企业解决问题，创新的来源是他平时养成喜欢观察的好习惯。

一个富翁为自己买下了一座私人岛屿，这个小岛非常漂亮，岛上到处开满了鲜花，各种美丽的小动物也特别吸引人。每当到了旅游的季节，很多人都会来到这个小岛上度假，久而久之，岛屿上到处都是旅行者所留下的垃圾。眼看这一漂亮的小岛就要变得一片狼藉，岛屿的主人也感到特别着急。最初他把岛屿的周围围上了栏杆，希望这样可以阻止人们登岛，可这一方法并没有得到效果，很多旅行者仍翻越了栏杆，继续在岛上游玩。

一时间岛屿的主人感到一筹莫展，就在这个时候他的管家想出了一个好办法，他在岛上最显眼的地方立上了标牌，上面是这样写的："注意！此岛上经常有猛兽出没，如在此逗留后果自负。"标语立出后，再也没有人到这个岛上来玩了。这一个小小的创意，解决了岛主的问题。

创新对推动社会的发展有着不可估量的重要意义。许多公司对员工的要求也加上了"创新"一条，即员工不但需要具备应有的工作能力，还应具备良好的创新能力。

一家具有发展潜力的企业，无论在何时所产生的想法都要领先于同行业其他公司一步，原来他们不断地提升自己的创新能力，总会拿出一些让人感到惊奇的"新招"应对市场。

3M公司就是一家具备超高创新能力的公司。他们始终在更新公司的产品，一批又一批的新产品不断涌入市场，这样的创新手段让他们在行业竞争当中取得了巨大的优势。

而在3M公司工作的所有员工，最主要的任务就是不断提升自己的创新能力，公司为了使员工可以充分发挥自己的能力，也为他们提供了广阔的空间。公司里很多员工都把自己的工作目标定为帮助公司成为世界上最具有创新精神的企业。为了接近这个目标，员工们始终都在"革新"自己的工作，为公司的发展不断做出贡献。

创新型员工，首先是一名卓越的员工，他不但勇于创新，同时还要不断提升创新能力，因为创新本来就是永不停止的追求，需要人们不断地探索，积极地尝试，只有这样创意才能成为创新。

雷蒙德是一个具有创新能力、对自己充满信心、工作能力很强的人，如今他已经是一家公司的总裁了。他从一个普通的小职员做到一家公司的总裁，只用了短短的3年时间。当人们问他是用什么办法在这么短的时间里取得如此大的成就时，他是这样回答的："要想让自己有所发展，最好的办法就是为公司创造高利润，而高效执行也需要以创新为助推力。我认为创造利益最大化最有效的办法就是不断创新，只有创新才会使公司跟得上社会前进的脚步，使产品始终处于领先地位。当然，创新需要机会，所以胆大心细，工作中仔细观察，对公司工作的不足之处，要改革，这就是创新的机会，如果你能一直这样工作下去，你一定会取得不凡的成就。"

雷蒙德刚上班时还只是一个基层员工，不过他并没有因为职位低而影响自己的工作态度。他每天都非常勤奋地工作，不但可以出色地完成自己的工作任务，还会给予同事很大的帮助。不久，他的工作能力就体现了出来。一次公司在销售方面出现了问题，产品大量积压，领导为此一筹莫展，这时他发表了自己的意见，并以最快速度写好了一份销售计划表，把自己的想法仔细报告给领导。他的计划得到了公司高层的认可和实施。事实证明，雷蒙德的计划非常完美，公司在实施这份计划后，将积压的产品销售一空。

经过此事，公司领导对雷蒙德的工作能力有了新的认识，他们觉得以雷蒙德的工作能力，应该可以胜任部门主管的工作。雷蒙德"升官"了，他上任后没有辜负领导的期望，积极开展工作，领导交给他的每项任务都会出色地完成。

敢于创新的雷蒙德还用独特的方法改革部门工作，比如提高工作效率，高效执行，就这样，雷蒙德在认真工作的同时，抓住了每一次创新的机会，而每一次创新都让公司的发展得到了进一步的提升，他的能力超出部门主管这一职位，公司高层又为他提供了上升空间。几年后，雷蒙德坐到了总裁的职位上。

一个只知道埋头苦干而不懂得创新的员工，想要取得发展是一件很难的事，即使这样的员工可以完成工作，为公司发展所做出的贡献也是有限的，因为以他们的能力帮助公司取得突破性的发展是不大可能的事。而那些拥有创新意识的员工会为公司创造出无限的价值，获得更多的晋升机会。

敢为天下先

有创意的员工永远比没有创意的员工更受团队的欢迎。

如果让所有公司选出他们最喜欢聘用的员工，相信大部分公司都会选择具有创造力的人。事实证明，那些具备创造力的员工能帮助公司创造出巨大的价值，这些人永远不会满足于现状，他们喜欢挑战新鲜的事物，遇到挫折时不会轻易放弃，其原因就是他们拥有敢为天下先的精神。

在如今这个竞争激励的社会，优秀的人才不断涌现，员工要想让各大企业向自己抛出"橄榄枝"，就必须要拥有值得企业录用的优点，没有任何一家企业愿意聘用一个不能为公司创造利益的人。企业界一直都流行着这样一句话："任何企业都不缺少人才，可缺少具有创造性、能为企业带来巨大利润的人才。"由此可见，具有创造力的人，才是企业最需要的员工。企业中员工不创新就等于失去了前进的资格，企业的员工如果都具有创新能力，这个企业就会得到长足发展。

很多知名的企业最看重的就是员工的创新精神。拥有众多人才的微软公司曾聘请两位极为年轻的员工担任公司的顾问，还让他们参加了公司极为重视的项目研究。其原因就是这两名员工虽然年轻，可他们在创新方面有着超出常人的水平。做出这样的决定，对微软公司无疑是一次挑战，因为他们打破了以往的传统观念，对公司招聘人才的观念发出了新的冲击。

一直以来许多公司把招聘人才最为关键的因素，都定位在了学历和经验上面，这一传统观念让许多公司错失了许多具有创新精神的人才。而如今这种观念正逐步被打破，许多公司都开始认识到学历不代表能力。世界闻名的索尼公司的创始人盛田昭夫就曾说，他认为应该把公司里员工所有的档案都销毁，这样就可以避免公司对员工的学历歧视，让每名员工都可充满自信地创新工作。

对于员工而言，要想在一家公司里得到持久的发展，光靠学历是远远不够的，学历在某种程度上只是一块"敲门砖"，企业注重的是员工的能力，而其中创造力是极为受关注的一点。

所有企业都需要用创新来实现自己的最终目标，所以说，只有具备创新能力的员工才会为企业提供更多的发展机会，企业最欢迎的员工自然也就是那些拥有创新能力的人了。

美国物理学家、诺贝尔奖获得者朱棣文说："一个人要想做出成绩，一定要敢于想象，敢于创新。成功的飞跃在于敢想前人不敢想、敢做前人不敢做的事。"

当有人问到皮尔·卡丹取得成功的秘诀是什么时，他总是这样回答："一个人要想取得成功，就必须不断地进行创新，先有设想，然后付诸实践，同时不断地自我怀疑，这就是成功的秘诀。"

创业初期的皮尔·卡丹一无所有，但是后来他却创立了自己的商业帝国，成就了一个商业神话。他所有的成就，都源于他不断创新的精神。

23岁时，皮尔·卡丹只身来到了巴黎，在当时的巴黎一家最负盛名的时装店里当了5年的学徒工。由于他聪明好学，很快掌握了从设计、剪裁到缝制的各种技术，并有了自己对时装的独特理解。他认为时装是"心灵的外在体现，是一种社交场合中的礼貌标志"。

为了把自己对时装的这一理解通过服装展示出来，他聘请了20多位漂亮的女大学生，在巴黎举办了一场别开生面的时装展示活动。模特们穿着各式各样的服装，闪亮登场，给人耳目一新的感觉。时装模特的精彩表演，使皮尔·卡丹获得了巨大的成功，巴黎几乎所有的报纸都在头版头条报道了这次展示会的情况，订单也像雪片一样飞来。

后来，皮尔·卡丹又把目光投向了新的领域。他在巴黎创建了"皮尔·卡丹文化中心"，其中设有影院、画廊、拍卖行以及歌剧院等，成了巴黎一大景观。他还涉足餐饮业，收购了濒临破产的"马克西姆"餐厅。"马克西姆"本是一家高档餐厅，建于1893年，有着悠久的历史。当时许多外国企业都有收购这家这家餐厅的想法，但是皮尔·卡丹最终以150万美元的价格拿下了这家餐厅。他改变了以往的经营方式，使餐厅的服务水平大大提高。结果，经皮尔·卡丹改变经营方式的这家餐厅，不但复活了，其影响力甚至波及全球。

皮尔·卡丹敢于创新的精神值得我们所有人学习。他让我们明白了一个道理：人只有大胆创新，敢于打破常规，才能取得突破性的成功，才能在激烈的竞争中始终立于不败之地。

20世纪70年代后期，汽车市场萎缩，意大利菲亚特汽车总公司债台高筑，濒临破产。1979年，维托雷·吉德拉出任菲亚特公司总经理。上任伊始，他致力于采用新技术、设计新车型，经过三四年的努力终于推出了"昂罗"车以替代老式的菲亚特车。

新车型简化了车体结构，比老产品"菲亚特127"的车身部件减少了35%，铆焊点减少了36.9%，连发动机的构件重量也下降了12%，这是当时世界上最轻的汽车发动机。

新车型降低了耗油量。"昂罗"车采用了先进的截流装置和具有较高压缩比的空气压缩机，改善了燃油过程，加上车身变轻，风阻系数变小，耗油量下降了13%。

新车型还采用了电子设备和新材料，比如它装配了电子集成点火系统，能够更好地控制点火时间和燃油的供给量。同时发动机和车体部件尽可能采用铝合金、碳素钢、优质塑料及合成橡胶，使部件更轻、更牢固，生产成本也下降了不少。

"昂罗"车一问世，便很快扭转了"菲亚特"在欧洲市场上的被动局面，当年的市场占有率就上升到12.7%，1984年又上升到13.4%，雄踞市场第一位。1983年菲亚特公司的营业额高达12亿美元，利润7000万美元。

菲亚特汽车公司依靠高、精、尖的科学技术，一举扭转了连续十年亏损的衰败局面。

突破传统的创新让菲亚特起死回生，扭转了菲亚特汽车公司的衰败局面。突破就是超越，突破成为菲亚特转型的关键。同样，敢于突破、敢于尝试也是成功者所必备的积极心态。

公司员工可以找一个比自己强的人作为竞争对手，并不断追赶他，直到最后超过他。人要不断地迎接机会与挑战，并且把其中的经验与教训作为自己不断成长的基础。只有超越才有飞跃，只有突破才有成功。

12

9   3

6

高效执行素质七

团队精神
是事业制胜法宝

→ 团队的存在是为了解决问题

→ 时刻明白自己不是一个人在战斗

→ 团队精神来自沟通和鼓励

→ 没有完美的个人,只有完美的团队

→ 以奉献精神强化团队力量

→ 勇于承担责任,发扬团队精神

团队的存在是为了解决问题

团队的力量永远大于个人。

古希腊时期的塞浦路斯有一座城堡，里面关着7个小矮人。传说他们是因为受到了可怕咒语的诅咒而被关到了这个与世隔绝的地方。他们找不到任何人可以求助，没有粮食，也没有水。7个小矮人越来越绝望，他们没有想到，这是神灵对他们的考验——关于团结、智慧、知识、合作的考验。

小矮人中，第1个收到守护神雅典娜托梦的是阿基米德。雅典娜告诉他，在这个城堡里，有26个房间，除了他们住的那间阴湿的储藏室以外，其他的25个房间里，只有1个房间里有一些蜂蜜和水够他们维持一段时间的生存；另外的24个房间里装的是石头，其中有240块玫瑰红的灵石，收集到这240块灵石，并把它们排成一个圈，可怕的咒语就会解除，他们就能逃离厄运，重回家园。

梦醒后，阿基米德迫不及待地把这个梦告诉了其他6个伙伴，可是只有爱丽斯和苏格拉底相信他的话，愿意和他一起努力。刚开始，爱丽斯想到要找木材，这样既能取暖又能照亮房间；苏格拉底想去找那个有食物的房子；阿基米德想尽快把240块灵石找齐，好让咒语解除。3个人没有达成统一的意见，于是决定各自行动。但几天下来，他们都筋疲力尽，而且没有任何结果，还遭到其他4个伙伴的取笑。

失败让阿基米德、爱丽斯和苏格拉底意识到：他们三个人应该团结在一起。于是他们决定先去找火种，再去找吃的，最后大家一起找灵石。这果然是一个很有效的方法，很快，他们就在左边第二个房间里找到了木材和火源。紧接着，他们又找到了蜂蜜和水，最后，他们凑齐了240块灵石，解除了魔咒。

由此可见，团队的力量是无穷的。在做事情时，我们不能有骄矜之气，因为即使自己是团队的主力，也需要他人的配合，众人齐心合力，才能取得更大的成功。

一个企业，需要具有团队精神的员工，团队精神就是团队中的每一个成员为了集体的目标和利益联合在一起，相互合作，全心全意奋斗的精神。一个人只有把自己融入到一个团队中，才能最大限度地实现自己的价值，才能取得成功。

团队精神对于一个团体、一个公司，甚至大到一个国家来说都是极其重要的。带着团队精神去工作，就是真正把个人的发展融入到公司的发展中去。当公司发展壮大了，个人自然而然地就会成长。

团队中的每一个成员都要树立团队目标至上的信念，因为只有整个团队的目标达到了，团队的业绩提高了，自己才能获得最大的利益，才能最大限度地实现人生价值。因此，在日常工作中，与团队成员要加强沟通与合作，充分整合各种资源，不断增强自己的责任感和使命感，进而提高团队意识，为团队目标而奋斗。

团队成员只有心中有了团队利益至上的意识，才能在工作中积极地与各个成员配合，充分发挥成员的创造性思维，创造出更多的财富。而一个没有团队意识的员工，很难在工作中创造出卓越的成绩，即使他非常有才华，但单枪匹马也难以成事，因为事业的成功需要多人相互配合，共同努力。

相比其他动物来说，人除了发达的大脑，在速度和力量方面并不具备优势。但是，人依靠自己的智力组成了团队，以抵御强敌并获得生存的空间，这就是自然选择的结果，而这种组合既顺应了自然规律，也改变了人的生存状态，使得人类成为地球上的主宰者。从人类发展的历程中我们可以看到，团队的力量是强大的，人与人组合在一起，就有了战胜一切的强大力量。在组成团队的过程中，所有成员有了共同的目标，就有了共同的行为准则，精诚合作，协同作战，成为有极强凝聚力的团队。

集体的利益高于一切，团队成员之间有竞争是允许的，但任何人都不应该为了一己私利，置集体利益于不顾。因为这样做不但不利于集体的发展，也不利于个人的进步。树立团队意识，在团队需要的时候牺牲个人利益以保全集体利益，是每个团队成员的职责所在。只有这样，团队才会更加强大，个人也才能够在强大的团队中稳步前进。

很多成熟的公司在招聘员工时，都要考察新员工能否快速融入到团队里，和其他同事愉快合作。任何一家公司的老板，都希望员工能精诚团结，员工也愿意在一个团结、协同作战的工作环境中工作。每一个有团队精神的公司，员工的精神面貌都是积极向上的，公司不仅收获了利润，也增强了团队集体主义精神。

时刻明白自己不是一个人在战斗

学会运用团队的力量是一种强大的能力。

一个团队的优秀体现在哪里？就体现在强大的凝聚力上。凝聚力表现为团队成员强烈的归属感和一体性，每个团队成员都能强烈感受到自己是团队中的一分子，自觉把个人工作和团队目标联系在一起，对团队表现出一种忠诚，对团队的业绩表现出一种荣誉感，对团队的成功表现出一种骄傲，对团队的困境表现出一种忧虑。

而有些人对所在的团队缺乏强烈的归属感，总是不思进取、放任自流，只想回报、不愿付出，当团队出现问题时不想如何团结协作，而总想另谋出路，脱离现有团队。这样的员工在自己的职业生涯中会走很多弯路，难以找到适合自己发展的空间。

对于任何一个员工来说，在一个团队里工作，你首先应该接受它。接受团队，认同团队，积极地配合团队，这绝不是靠外力强加于你的，而是你应该主动去做的。在实际工作中，有些员工的团队精神表现得非常突出，这说明他发自内心地认同自己的工作，认同自己的团队。这样的人是团队中最需要的人，是企业发展的动力和基石。

一个具备团队精神的员工队伍，会保持最佳的工作状态，他们可以称得上是高效的团队，而这样的团队正是所有公司需要的。

集体的力量是巨大的，一个人只有把自己融入到集体当中，才能最大限度体现出自身价值。

一个出色的篮球队，之所以能战胜所有强大的对手，并不是因为其中一个人的发挥，而是整个团队的共同发挥。大家在场上密切配合，才能发挥出最强大的力量。工作也是一样的，员工仅凭一己之力去支撑整个公司是做不到的，无论这个人的能力有多高，投入时间和精力有多大，也是不可能的。

团结就是力量，一个家庭需要团结才能万事兴盛，一个国家需要团结才能更加强大。由此可见，一个公司想要发展需要全体员工团结协作。我们不难看到，那些具有影响力的大公司，都有一支非常团结的员工队伍。这些公司强调团队精神，也正是这样的精神，让很多员工取得了个人发展的机会，他们有创造力、有创新思维，最大程度发挥自己的作用和潜能。

而一个不具备团队合作精神的公司，要面临的困难实在是太多了，员工之间缺少彼此的沟通和交流，每个人只顾自己的工作，对工作范围之外的事不闻不问。这样的公司，其业绩会如何我们可想而知。

学会合作，就等于增强了自己的力量。如今所有的公司和企业都在提倡合作，合作帮助公司变得比以前更加强大，所收获的利益也有了大幅度的提高。合作是团队精神的基础，员工学会合作，就具备了良好的团队精神，就能积极地与同事合作，使自己的工作才华最大程度地体现出来。当今职场竞争激烈，要想让自己在一家公司站稳脚跟，必须学会合作，拥有团队精神。

没有人可以独立生存在这个世界上，工作中你与同事之间的相互合作是你前进的动力。所以，不要拒绝与他人的合作，接受别人才会壮大自己。一个人的力量是微弱的，一群人团结在一起，才能获得"1+1＞2"的效果。

筷子的故事相信很多人都曾听过，这个简单的故事中的道理是很深刻的。

一位老人身患重病，临终前他把三个儿子叫到床前，他拿着一根筷子对三个儿子说："孩子们，有谁可以把这根筷子折断？"

老大接过筷子，轻轻地一用力，筷子"啪"一声就被折断了。

老人又拿起了两根筷子说："你们谁来试试把这两根筷子折断？"

老二接过爸爸手中的两根筷子，稍一用力筷子就被折断了。

此时，老人拿出了三根筷子对他的三儿子说："老三，这次你来试试吧！"

老三接过爸爸手中的筷子，一用力筷子也被折断了。

等老三折断筷子后，老人拿出了一把筷子说："你们再试试这个？"

老大接过了爸爸手中的一把筷子，用尽了全身的力量也没有将筷子折断。他说："我的力气没有老二的力气大，老二你来试试吧！"

老二试过后也没能把筷子折断，他把筷子交给了老三，结果还是一样，没有人能把这一把筷子折断。

老人看了看三个儿子，对他们说："孩子们，这就是团结的力量，你们一定要团结，让手足情义把你们凝聚成一个整体，这样，任何人和任何事都打不倒你们。"

没过多久，这位老人离开了人世，三个儿子在整理爸爸的遗物时，发现了他留下的一大笔遗产，与此同时，麻烦出现了，有个债主要钱，还有一个邻居要为土地和他们打官司。

一开始，三个兄弟还能在一起协商处理事情，但一段时间后，他们就因为利益产生了纠纷。后来三个兄弟开始互相算计对方，他们的财产也被债主和邻居拿走了。

这个故事虽然简单，却充分体现了一个道理：团结一致是强有力的，不团结则会导致失败。一滴水珠不可能成为大海，一个人就和一滴水珠一样渺小，想要通过自己的力量去完成一项艰巨的任务，一定会很困难，但当你把自己融入到集体的时候，就会释放出巨大的能量，这样的力量一定会帮助你完成艰难的工作。

一个人的力量是有限的，可一个团队的力量却是不可估量的。每个人身上都有优点和缺点，只有大家凝聚在一起，才能互补并形成合力，当所有人将力量集中到一起的时候，一定会更加出色地完成工作。所以说，我们一定要将团队合作精神贯穿到每天的工作当中，让它形成一种习惯，也只有这样我们才会不断地提高自己，让自己得到更好的发展。

在职场里，因为有竞争机制的实行，同事之间难免有许多利益争执，但争执归争执，合作永远都是实现共同利益的有效途径。

去过寺庙的人都知道，一进庙门，首先是弥勒佛，笑脸迎客。而在他的背面，则是黑口黑脸的韦陀。相传在很久以前，他们并不在同一个庙里，而是分别掌管不同的庙。弥勒佛热情好客，所以来的人非常多。但他什么都不在乎，丢三落四，无法好好地管理账务，所以入不敷出。而韦陀虽然在管账方面是一把好手，但成天阴着脸，像所有的人都"欠了他的钱"，导致来庙里的人越来越少，最后竟至香火断绝。佛祖在查香火的时候发现了这个问题，就将他们放在同一个庙里，由弥勒佛负责公关，笑迎八方客，香火大旺；而韦陀铁面无私，锱铢必较，让他负责财务，一丝不苟。在两人的分工合作下，庙里出现欣欣向荣的景象。这个故事告诉我们，要学会欣赏每个人的优点，接纳他人的缺点，发扬他人的长处，克服自己弱项，扬长避短，资源共享，形成合力，取得最好的结果。

在团队中生存，任何成员都要注意培养与同事之间的感情，多跟同事分享对工作的看法，多听取和接受他人的意见，多参与同事间的活动，体贴关心别人，并且跟每一位同事都保持友好的关系，这样才能更好地开展工作。

一个优秀的团队，往往有共同的前进目标，每个团队成员的思路和工作方向都很清晰，大家团结一致，协同工作，这样的团队才可以创造出不可估量的价值，形成合作精神和凝聚力，打造出极为强大的公司。

团队成员都要以团队利益为主，积极地配合团队工作，这样才能取得令大家满意的结果。一个喜欢搞独立、自作聪明的员工，永远不会创造出卓越的成绩，他迟早会被团队淘汰。

提到狼，人类不得不佩服它们的团队协作精神。一只狼并不可怕，可一群狼的力量却是不可小视的，它们之所以可以打造一个让所有对手都感到害怕的"团队"，是因为每一只狼都有着非常优秀的"团队精神"。它们在遇到猎物的时候绝对不会单独行动，而是依靠群体的力量来打败对手，得到猎物也是平分，以维持群体的生存。

动物学家发现，如果一匹狼想加入一个群体，那么它必须要以群体的利益为先，最开始捕猎的时候，新加入的成员只能吃一些大家吃剩的东西，甚至有些时候，它所付出的努力有可能没有一点回报，可它必须学会以群体利益为主，一旦同伴们接受了它，那么，它就真正成为了团队中的一员，可以享用和其他成员一样的食物。

在我们的工作中也是同样的道理，当我们刚加入一个团体的时候一定要学会付出，千万不要因为一时的小利而放弃了团队合作，独来独往，这样只会让你远离群体，工作难以为继。

那么，员工怎样才能更好地融入到团队之中呢？

第一，要扮演好队员的角色，主动寻找团队成员的优势所在。

在一个团队中，每个成员的优缺点都不尽相同，积极寻找团队中其他成员的优势所在，并且向其学习，就能使自己在团队中发挥更大的作用。如果你意识到了自己的一些缺点，不妨通过坦诚交流给大家讲出来，让大家共同帮助你改进。在这个过程中，你不必担心别人的嘲笑，你得到的只会是理解和帮助。因为你在提升自己的同时，也提升了团队成员之间合作的默契程度，进而提升了团队的执行力。团队强调的是协同，所以团队的工作气氛很重要，它直接影响着团队的工作效率。如果你积极寻找其他成员的积极品质，那么你与团队的协作就会变得更加顺畅，而你自身工作效率的提高，也会使团队整体的工作效率得到提高。因此，团队成员必须树立以大局为重的观念，将个人的需求融入到团队的总体目标中去，从自发地遵从到自觉地培养，最终实现团队整体利益的最大化。

第二，在工作中，不要直接否决团队的决定，始终让团队作为主体。

如果可能的话，最好以团队为主体与客户打交道。如果你不得不插手，就公开支持自己的团队，让客户建立对你的团队的信任，这样他们就会养成与团队直接打交道的习惯。

站在员工个人的角度来讲，让客户直接和团队打交道可以使工作更加轻松；站在团队的角度讲，让团队成为主体可以使团队的运作更有效率，可谓一举两得。

第三，要时常检查自己的缺点。

在团队中工作，你应该时常检查自己的缺点，比如自己是否对人冷漠，或者言辞尖刻，这些缺点都是团队合作的大碍。团队工作需要成员之间不断地进行互动和交流，如果你固执已见，难与他人达成一致，你的努力就得不到其他成员的理解和支持，即使你的能力出类拔萃，也无法促使团队创造出更高的业绩。

每个员工都要把团队精神放在第一位，都要不断加强自己的合作精神，这样才会使团队事业取得更大的发展。

团队精神来自沟通和鼓励

沟通和鼓励是养成团队精神的关键。

第一，要懂得化解矛盾。

在我们与同事进行合作的时候，难免会产生一些矛盾，这些矛盾会成为我们与同事之间沟通和协作的障碍，如果我们不及时加以解决，就会给我们以后的工作带来很大的麻烦。

俗话说"舌头哪有不碰牙的时候"，其实在我们的工作当中，偶尔发生一些小的误会和矛盾也是很正常的事，只要我们能用妥善的方法解决，就不会给我们工作带来大的影响。但如果我们处理不好，就会影响个人和团队的工作。

大学毕业后，两个校友一起被一家公司录用。

男孩做事果断、干净利落，女孩对工作极为认真，没出现过一点闪失，两个人很快就得到了领导的认可，成为公司的骨干。经过一年多的努力，两个人取得了不错的成绩，他们的工作业绩在公司里一直都是名列前茅。

一次，经理把两位同时叫到了办公室，他想让二位分别担任两个部门的主管。当经理表明意图后，两人都特别高兴，这也是他们一直都很期待的事情。他们笑着对经理说："我们怕自己的能力还不够。"其实他们完全有能力胜任这个职位，只是在表现时谦虚了。他们以为经理明白他们的想法，说完后高兴地走出了经理办公室，满心欢喜地准备迎接这次挑战。

可当他们下班各自回到家中后，他们开始回想今天经理找他们谈话的事。男孩突然觉得自己谦虚的回答似乎有些不妥，他觉得当时经理听后表情显得很无奈，好像没能明白自己的意思。男孩想到这，连忙拨通了经理的电话，表明了自己当时的心情。女孩回家后并没有想这么多，她以为自己这样做是对的，做人要谦虚一点，不然会被别人说是骄傲的人。

过了一段时间，在一次员工大会上，经理宣布了关于升职的事情，可奇怪的是，升职的名单里面并没有女孩的名字，这让她感到很吃惊，而男孩却顺利地升为部门主管。

谦虚做人的确没错，可在关键时刻一定要表明自己的真实想法，千万不要让别人去猜测你，那样会很容易产生一些误会，导致你失去了可能属于你的东西。上述案例中的男孩之所以没有像女孩一样失去这次升职机会，就是因为他事后积极与经理进行沟通，向经理表明了自己的想法，才避免了误会的发生。

我们在工作当中经常会遇到类似的事情，而积极与人沟通就是解决这类问题、避免误会发生的最好办法。

杰克在一家公司工作很久了，他一直在努力地工作，他的业绩始终在稳定地提升，按这样的趋势发展下去，部门经理这一职位一定会是杰克的。早在一个月前，公司里就已经传出杰克要升职的消息，杰克也觉得自己升职是确定无疑的事了，只是时间问题而已。

可时间过去快三个月了，公司始终没有将杰克提升为部门经理，他有些等不及了，感到十分苦恼。经过自己私下的一番了解后，杰克找到了事情的原因。原来就在最近一段时间，公司原来的总经理被安排到了另一家分公司担任总裁，新上任的总经理对杰克的工作能力并不了解，再加上有一些嫉妒他的同事，编出了杰克工作能力差的谣言到处传播，新任总经理听到了这些话后，不得不停止了提升杰克的计划。

刚知道这些的杰克起初产生了报复的想法，他想把那些造谣的人找出来，好好教训一顿。但当杰克冷静下来后，他又改变了自己的想法，他知道自己如果这样做，不但不能挽回自己升职的机会，还会加深自己与同事之间的矛盾。他反复思考后想出了这样一个办法：他决定找新任的总经理，聊一聊。

一天机会终于来了，他在加班的时候在公司遇到了总经理，他主动和总经理进行了沟通，总经理也抽出了时间和杰克进行了交谈。杰克把自己对工作的看法和自身的条件都说给了总经理听。经过这次谈话后，总经理对杰克有了新的认识，他觉得杰克是一名不错的员工，并不像有些人所说的那样，他对工作的态度不认真。经过一段时间的观察后，总经理签发了任命书，杰克终于被提升为部门经理。

当我们在工作上遇到一些误会和矛盾的时候，最好的解决办法就是多与人沟通，千万不要在听到一些谣言后一时冲动去做伤和气的事，要用正确的解决方法去处理误会和矛盾，与他人坐下来心平气和地交流，把所有事情说清楚。如果我们能做到这一点，相信再大的误会也会被解开，再大的矛盾也会被消除。

第二，要学会相互鼓励。

一个优秀团队里的员工，一定要学会互相鼓励和支持，只有这样才能增强团队成员取得胜利的信心。当一个人感到无助的时候，他人的帮助只能使他暂时脱离困难，真正能让他走出困难的是他人的鼓励，因为鼓励可以让一个失去信心的人重新找回战斗的勇气，这种勇气可以帮助他们树立心中的信念，最终战胜困难，走向成功。所以，无论一个人的能力有多大，他都需要有人支持，也正是他人给予的支持和鼓励，让这个人走向成功。

身在团体中的员工之间就更要互相鼓励、互相帮助，尤其是当同事遇到困难的时候，除了伸出援助之手外，还要给予精神上的鼓励，提振团队士气。

赛场上，很多优秀的运动员在比赛的时候，都希望自己的亲人和朋友能在现场观看。其实这些运动员不是为了表现自己，而是觉得如果有亲朋好友在旁边观看，自己就会有无穷的力量。美国的篮球巨星迈克尔·乔丹在比赛的时候，就特别喜欢亲人在旁边观看。当记者问他这样做的原因的时候，乔丹是这样回答的：

"当我父亲坐在看台上观看我比赛的时候，我就像是吃了一颗定心丸，因为我心里非常清楚，无论我在场上遇到多大的麻烦，有一个人始终都会为我加油、给我打气。"

任何一个人在得到别人的鼓励后都会产生动力。团队成员互相鼓励不但会使彼此增强信心，还可以帮助整个团队的成绩不断提高。一名优秀的团队成员，会把团队看成是一个家庭，把所有成员都视为家庭中的一员，大家会患难与共、唇齿相依、互相鼓励，一起面对所有困难，这样的团队是强大的，他们可以完成难以完成的任务，创造出惊人的成绩。

一个微不足道的鼓励可能改变一个人的心态，而一个人的心态与其做事的结果有着密切的关系。也许你的一句简单的鼓励话语，可能会对队友产生巨大的影响；也许你在关键时刻的一点帮助和鼓励，会使队友的内心得到强有力的支持，这种支持有时足以改变他们所要完成事情的结果。

身为团队中的一员，我们一定要学会鼓励他人，只有这样才能使我们的队伍更加和谐、更加强大，在我们为公司或企业创造出高利益的同时，自己也一定会得到满意的收获。

没有完美的个人，只有完美的团队

越是具有挑战性的工作，越需要团队配合。

一个人的力量是有限的，即使能力再强，也不可能用自己的力量支撑起一家公司，如果你试图这样去做，不但会让自己在工作当中感到孤立无援，而且也不会得到满意的结果。不管是工作还是生活，我们都要学会与人合作，因为缺少合作精神的人，是很难取得成功的。员工之间只有多多配合、团结一致，才会产生集体的力量，才可以让每一个员工有足够的力量去完成工作。这样做不但节省了时间，也会让团队中的每个人找到自己的位置，然后发挥出自己的优势进行工作。而不选择合作，选择单打独斗做事，不但会浪费大量的时间和精力，也会增加工作压力，所做工作也极有限。

人只有通过合作，才能让自己的能力充分发挥出来。合作包括多种，像与老板的沟通，与同事共同做事，遇困难寻找"外援"等等。

传说佛祖释迦牟尼曾问他的弟子："一滴水怎样才能不干涸？"弟子们面面相觑，没有人回答得出来。释迦牟尼说："把它放到大海里去。"

看，一个人再完美，也就是"一滴水"，而大海，由千万滴水组成。

个人与团体的关系如水滴与大海的关系，只有把多个人的力量凝聚在一起时，才能迸发出大海一般难以抵挡的力量。因此，个人的发展离不开团队的发展，个人只有将自己的追求与团队的追求紧密结合起来，并树立与团队风雨同舟的信念，才能和团队一起得到真正的发展。

在知识经济时代，竞争已不再是个体之间的竞争，而是团队与团队之间的竞争、组织与组织之间的竞争，要想在竞争中生存发展，不能仅凭一个人的力量，而必须依靠整个团队去实现。所以，作为团队一分子的团员必须要明白，"没有完美的个人，只有完美的团队"。

曾经有一位英国科学家把一盘点燃的蚁香放进了蚁巢里。

开始时，巢中的蚂蚁惊恐万状，四散奔逃。过了十几分钟后，便有蚂蚁自动向火冲去，对着点燃的蚁香，喷射自己的蚁酸。由于一只蚂蚁能射出的蚁酸量十分有限，马上就有很多"勇士"加入进来并葬身火海。但是，"勇士"们的牺牲并没有吓退蚁群，相反，又有更多的蚂蚁投入"战斗"之中，它们前仆后继，几分钟便将火扑灭了，蚁群得以保全。

过了一段时间，这位科学家又将一支点燃的蜡烛放到了那个蚁巢里。虽然这一次的"火灾"更大，但是蚂蚁已经有了上一次的经验，它们很快便团结在一起，有条不紊地"作战"，不到一分钟，烛火便被扑灭了，而蚂蚁无一殉难。

是啊，为了团体利益，有时确实需要每个成员牺牲自己的利益，甚至要付出生命的代价。如果所有人都只为自己的利益考虑，那么，所有人的利益都会被剥夺。蚁群里的"勇士"是团队的"功臣"，它们是团队精神的忠实履行者，是整个团队的核心力量。这样的"勇士"永远都不会失去它们的价值。

职场中的员工也是一样，在一个企业中生存，每一位成员都是团队的一部分，面对各项工作任务，个人很难靠自己的力量独自完成，而且即使完成了，效率和质量也不会很高。因此，团队成员的优化组合和积极配合，是促使团队力量爆发的基础。

一个团队、一个集体，对一个人的影响十分巨大。对于善于合作、有团队意识的人，整个团队也能带给他无穷的帮助。一个人要想在工作中快速成长，就必须依靠团队和集体的力量来提升自己。

华盛集团的老总在一次会议上说过这样一段非常精辟的话：

"我们每个人都是社会中的人，有合群的需要。我们同是华盛人，从加入华盛的那一刻起，我们就是华盛这个团体的一分子。每个华盛人的一言一行代表的都是华盛这个团体，也影响着华盛这个团体。如果一位员工缺少团结协作的精神，即使在短时间内不会给集团造成危害，也不可能为集团带来长远利益。如果一位员工脱离团队，不能采取合作的态度，那么团队工作就会受到影响，团队效率就会降低。只有以团队目标为个人目标，以团队利益为个人利益，维护团队荣誉，这样的人才能受到大家的尊重。集团希望每一个华盛人都能以优秀的协作精神和良好的道德形象来提升公司的凝聚力及外在形象，与华盛同进退、共荣辱。"

协同合作是团队精神的核心，它的最高境界是全体成员的向心力、凝聚力，反映的是个体利益和整体利益的统一，进而保证组织的高效率运转。

如果一个企业的员工都能以团队精神为中心、以协作意识为导向，这个企业就会焕发出无限的活力。

以奉献精神强化团队力量

当每个人都愿意为团队奉献自己的时候，这个团队会充满力量。

团队是由素质不同、个性各异的员工组成的。在一个团队中，每个成员的优缺点都不尽相同。处于团队中的人，应该主动去寻找并学习团队其他成员优秀的品质，来提高自己、完善自己。如果团队的每位成员都愿意积极主动去学习其他成员的优点，那么团队的协作就会变得很顺畅，工作效率就会大大提高，团队凝聚力就会增强。

有时候，你觉得自己在某些方面比其他人强，这也许是事实。但你更应该将自己的注意力放在他人的优点上，只有这样，你才能在学习他人优点的过程中逐渐弥补自身的不足。所以，人一定要学会谦虚，谦虚会让你看到自己的短处，这种压力会促使你在团队中不断进步。任何人都不喜欢骄傲自大的人，这种人在团队中也不会被大家认可，所以保持谦虚的心态是很必要的。

工作中，员工应该注意培养自己的团队精神，要善于交流沟通，因为交流是合作的开始。待人要平等友善，即使你各方面都很优秀，即使你认为以自己一个人的力量就能完成眼前的工作，也不要表现得太张狂。要知道以后还有很多不可预知的事情，你并不一定只凭自己就能完成一切。此外，还要勇于接受批评，你应该把你的同事和伙伴当成你的朋友，坦然接受他们的批评。一个对批评暴跳如雷的人，每个人都会敬而远之的。

团队协作不是一句口号，而是切实的行动。一个懂得协作、善于合作的员工是推动企业进步的力量，也是公司高薪聘请的对象。反之，一个不懂得团队协作的员工，是不会受到欢迎的，而且有被淘汰出局的危险。

一个业务能力强的员工，一定会懂得合作的重要性，因为这样他才能不断地提升自我。如果自以为了不起，不积极合作，孤军奋战，就会失去发展自我、完善自我的机会。

张某不仅有很高的学历，而且在工作上也做出了很多成绩。老板对他的评价也很高。按照他的才能他早该"高升"了，可他仍然是"原地踏步"。

张某自己也不明白，为什么那些学历没有自己高、能力没有自己强、工作时间没有自己长的人都得到了晋升，而自己却始终没有发展。

其实，造成这种情况的一个很重要的原因，就是张某不喜欢与人合作。他习惯于埋头自己的工作，不喜欢与人交流。如果团队中其他成员需要他的帮助，他不是拒绝就是不情不愿地去做。这样的处事方式是不受同事们欢迎的，可张某认为独来独往是独善其身。

有人曾把团队和个人的关系比做是水和鱼的关系。员工是"鱼"，团队就是"水"，鱼是离不开水的。所以，无论员工从事什么样的工作，在什么样的团队中，都要把团队的利益放在首位，否则个人利益也无从谈起。因为没有水，鱼儿怎么能生存下去呢？作为团队中的一员，既要具备独立工作的能力，又要善于服从和配合团队的安排。一个员工不懂得合作，整个团队都会受到影响。因此，一个人要想获得成功，仅有工作技能是不够的，还要有团队精神。

职场中，我们不难发现那种很有才华却与他人很不合拍的人，这样的人让公司的管理者非常头疼。一位总经理提到自己当年在某大公司做项目部主任时，遇到了一个非常没有团队意识的员工时说："我的部门里有这样的一个年轻人，他的工作能力非常出色，点子也非常多，但是当公司开会的时候，他从来不主动发言，即使你主动问他，他也不会一次把所有想法都说出来。可你要求他独立工作时，那些成绩又让你不得不承认他做得漂亮。他总是自以为是，而且公开宣称自己不需要和他人合作。我跟他谈过几次，我对他说一个部门的成就是大家一起创造的，在一个集体里没有与自己无关的事。可他说，不是我分内的事我为什么要替别人操心？唉，他的确是个聪明人，可就是没有团队意识。"看，这样的员工不是一个很好的员工，即使能力再强也很难得到他人的认可。

在现代社会中，"单枪匹马"的作风在任何工作中都是行不通的。比如在营销团队中，营销工作是一个系统而整体的工作，光靠几个人或单方面做工作是不可能完成的。现代整合营销传播理论强调利用各种资源，实现最佳组合，形成最大的营销力。所以，加强团队意识的培养是提高营销队伍战斗力的重要手段。同时，市场内外环境瞬息万变，营销工作的战略和战术也是动态的，需要根据环境的变化随时调整。如果团队成员之间不加强沟通与合作，会影响团队的整体创新能力和工作质量。

共同承担团队的责任是团队精神的精髓。做不到这一点，团队就如同一盘散沙；做到这一点，团队成员就会齐心协力，成为一个强有力的集体。很多人经常把团队和工作团体混为一谈，其实两者之间存在本质上的区别。优秀的工作团体与团队一样，能够分享信息、观点和创意，共同决策以帮助每个成员能够更好地工作，同时强化个人工作标准。但工作团体主要是把工作目标分解到个人，其本质是注重个人目标和责任，工作团体目标只是个人目标的简单相加，工作团体的成员不会为超出自己义务范围的工作负责，也没有多名成员共同工作而带来的增值效应。此外，工作团体常常是与组织结构相联系的，而团队则可突破企业层级结构的限制。

虽然团队是围绕共同目标而建立的，但并不是说有了共同目标，成员便能够自发地拥有团队精神，为实现目标而工作。

团队的目标是否清晰，和团队形成的环境有一定的关系。

在简单的环境中结合而成的团队，往往容易找到共同的清晰的目标，但在环境复杂的情况下，目标就可能表现得有些模糊。比如"一个和尚挑水喝，两个和尚抬水喝，三个和尚没水喝"的故事就是一例。一个和尚、两个和尚的目标都很明确，就是找水并生存下去，但有了三个和尚之后，每个和尚都怀有私心，互相推诿责任，因而无法明确目标。

我们应该明白，每一个员工的成绩都是在团队的共同努力下取得的，个人离开了团队就如同鱼儿脱离了大海，不再有自己的天地和空间。因此，唯我独尊的心态最要不得，在团队中无论做什么事情，如果你有了骄矜之气，即使你是团队中的主要力量，也不会赢得他人的配合，你也就不会成功。今天是一个提倡合作的时代，无论你从事什么样的工作、处于什么样的环境，都无法脱离他人对你的支持。因此，无论是从公司发展还是从个人发展的角度考虑，你都不能脱离团队，必须融入到团队中去，这样才能取得更大的成绩。

勇于承担责任，发扬团队精神

> 一个卓越团队的最大特征是每个人都愿意主动承担责任。

工作意味着责任。职位越高、权力越大，肩负的责任就越重。没有责任心的人永远都担不起重任，也就不可能在职场上得到发展。一个人的责任心决定了他在企业中的位置。

曾威是一家公司的生产工人，有一次，他主动向经理申请加入营销部门。当时公司正在招聘营销人员，经理很快同意了。

当时公司规模还很小，只有二十多个人。公司面临着许多要开发的市场，可是公司没有足够的财力和人力来支持销售部门。为了开发新市场，曾威一个人到了南方，在这个新环境里，曾威没有任何朋友，连最基本的吃住都成问题，但他心中对企业的忠诚以及对工作机会的珍惜，使他在困难面前丝毫没有退缩。他没有钱乘车，就步行去一家家单位拜访，介绍公司的电器产品。有时候，他为了见客户而顾不上吃饭，或者为了见客户早上4点钟就起床。

当时曾威住的地方是一间闲置的车库，由于只有一扇卷帘门，而且没有电灯，晚上门一关，屋子里就没有一丝光线，一到夜里老鼠成群结队地出没。冬天的寒冷对于曾威来说，也是一个沉重的考验，但是曾威一点都不在乎。有一段时间，公司连产品宣传资料都供应不上，曾威只好买来复印纸，自己手写宣传资料。

就在这样艰难的条件下，曾威坚持了下来，他对自己说：这是我的工作，我不能抛弃它。

除曾威之外，公司派往各地的营销人员大部分不堪工作的艰辛而离职了，而曾威的坚持使他得到了最好的回报。几年后，曾威被任命为市场总监，这时，他们的公司已经是一个拥有上千名员工的大型企业了。

每个老板都很清楚自己最需要什么样的员工，哪怕你是一名最普通的员工，但只要你担当起了你的责任，你就是老板最需要的员工。因为，只有那些勇于承担责任的人，才有可能被赋予更多的使命，才有资格获得更大的荣誉。一个缺乏责任感的人，首先失去的是社会对自己的基本认可，其次失去的是别人对自己的信任与尊重。因此，要想成为一名优秀的员工，就应该主动去承担责任。

齐瓦勃出生在美国乡村，几乎没有受过什么像样的学校教育。一个偶然的机会，齐瓦勃来到"钢铁大王"卡内基的公司的一个建筑工地打工。从踏进建筑工地的那一天起，齐瓦勃就抱定了要做同事中最优秀的人的决心。当其他人在抱怨活儿累、挣钱少而消极怠工的时候，齐瓦勃却很敬业，他独自热火朝天地工作着，并在工作过程中默默地积累经验，甚至在工作之余自学建筑知识。

一个晚上，工友们都在闲聊，唯独齐瓦勃一个人躲在角落里静静地看书。恰巧公司经理到工地检查工作，经理看了看齐瓦勃手中的书，又翻开他的笔记本，什么也没说就走了。

不久，齐瓦勃就被提升为技师，然后他又凭着自己的努力一步步升到了总工程师的职位上。25岁那年，齐瓦勃当上了这家建筑公司的总经理。

卡内基的钢铁公司有一个天才的工程师兼合伙人琼斯，他在筹建公司最大的布拉德钢铁厂时，发现了齐瓦勃超人的工作热情和管理才能。当时身为总经理的齐瓦勃，每天都是最早来到建筑工地的。当琼斯问齐瓦勃为什么总来这么早的时候，齐瓦勃回答说："只有这样，有什么急事的时候，才不至于被耽搁。"

工厂建好后，琼斯毫不犹豫地提拔齐瓦勃做了自己的副手，主管全厂事务。两年后，琼斯在一次事故中丧生，齐瓦勃便接任了厂长一职。几年后，齐瓦勃被卡内基任命为钢铁公司的董事长。

后来，齐瓦勃终于建立了自己的伯利恒钢铁公司，并创下了非凡的业绩，真正完成了从一个普通的打工者到大企业家的成功飞跃。

齐瓦勃认为，对于一个有抱负的员工来说，追求的目标越高，对自己的要求越严，他的能力就会发展得越快。要想把看不见的梦想变成看得见的事实，便要在工作中兢兢业业，勇于承担责任。

社会学家戴维斯说："放弃了自己对社会的责任，就意味着放弃了自己在社会中更好的生存机会。"当员工对工作充满责任感时，就可以在工作中学到更多知识，积累更多经验。如果能坚持下去，工作成果就会很快体现出来。相反，当员工把懒散、敷衍塞责当成一种习惯时，在工作中就会玩忽职守，就出不来好成绩。所以，员工要牢记自己的责任，无论在什么工作岗位上，都要对自己的工作负责。

希拉斯·菲尔德先生在退休之前攒了一大笔钱，但退休后的他没有选择安度晚年，而是突发奇想，想在大西洋底部铺设一条连接欧洲和美国的电缆。

菲尔德使尽全身解数，从英国政府那里得到了部分资助。他的方案虽然在议会上遭到了强烈的反对，但菲尔德先生最终以一票的优势取得了胜利。他找到了停泊于塞巴斯托波尔港的英国旗舰"阿伽门农"号，和另一艘美国海军新造的豪华护卫舰"尼亚加拉"号，来帮他铺设电缆。

第一次电缆铺设到5英里时，突然被卷到机器里弄断了。菲尔德不甘心，又做了第二次铺设，可是电缆刚铺设到一半，轮船突然发生严重倾斜，这次铺设又以失败而告终。对于这样的打击，菲尔德并不在意，他又进行了第三次铺设，这次他铺设了200英里，在距离"阿伽门农"号20英尺处又断开了，两艘船最后不得不返回爱尔兰海岸。

　　在第三次失败后，很多人都泄气了，公众舆论也对此流露出怀疑的态度，投资者对这一项目也失去了信心，不愿意再投资。这时候，除了菲尔德和他的一两个朋友外，几乎没有人不感到绝望。但是，菲尔德先生仍然在坚持不懈地努力，他最终又找到了投资人，开始了第四次的尝试，这次仍然失败了，在电缆铺设到600英里时，突然折断掉入了海底。他们打捞了几次都没有成功，于是，这项工作就此耽搁了下来，而且一搁就是一年。

　　这一切困难都没有吓倒菲尔德。他又组建了一个新的公司，继续从事这项工作，而且制造出一种性能远优于普通电缆的新型电缆。1866年7月13日，第五次铺设工作开始了，电缆最终顺利接通，发出了第一份横跨大西洋的电报！电报内容是："7月27日，我们晚上9点到达目的地，一切顺利。感谢上帝！电缆都铺好了，运行完全正常。希拉斯·菲尔德。"不久以后，原先那条落入海底的电缆被打捞上来，并且重新接上，一直连到纽芬兰。

　　这个例子说明了责任心和坚持精神的重要性。如果菲尔德先生没有对工作的强烈责任心，根本不可能成功。同时，如果菲尔德先生没有坚持到底、永不放弃的精神，也一样不可能成功。

　　陈老先生是一位雕刻师傅，他非常喜欢雕刻，把一生都奉献给了雕刻事业。他雕刻的作品，每一件都是优秀的。经历了半辈子的雕刻生涯，陈老先生已经年近六十，他觉得自己到了该退休的年龄了，于是他告诉老板，自己准备回家安度晚年，享受天伦之乐。老板想将这位以认真负责著称的雕刻师傅再留一段时间，并许诺支付双倍的工资，但陈老先生还是拒绝了。最后老板请求陈老先生再雕刻一件作品，陈老先生勉强答应了，于是老板把最好的一块木头给了陈老先生，让他雕刻。

陈老先生开始雕刻他最后一件作品的时候，大家都发现，陈老先生的心思已经不在这里，他雕刻的这件作品虽然很好，但和以前所雕刻的那些作品相比，有了太大的差距。一段时间后，陈老先生雕刻的作品已经完成，于是他去向老板辞行。在他走的时候，老板把那件作品送给他，并说道："我知道你很喜欢雕刻，这是我这里最好的一块木料所雕刻的物件了，也是你雕刻的最后一件作品，是我送给你的一份礼物，希望你未来的日子里，身体越来越好，生活也越来越快乐。"

陈老先生双手接过那件作品，半天说不出一句话，他泪流满面，羞愧得满脸通红，最后放声大哭起来。陈老先生为自己最后的败笔而痛苦不已！

同样一个人，同样的一件事，为什么前后会有如此大的差距呢？这说明陈老先生并不是技艺减退，而是失去了责任感。

能承担多少责任，就能得到多少成就。因此，员工要以高度的责任感对待自己所从事的工作，认认真真地做好每一件事情，这是保证你的工作能够有效完成的基本条件，也是你赢取事业发展至关重要的一点。因为，尽职尽责的人会做出来出色的业绩。

每一个员工都要有主动承担责任的勇气。这种做法固然会带来一定的压力，但却是最基本的做人要求，也是做事业的要求。如果员工推卸责任，就会因为害怕承担责任而失去被委以重任的机会。因为，任何一个团队都不会接受一个不负责任的人。在工作中，有责任心的人一定会认真工作，善于协作，将每一件事都坚持到底，而不会中途放弃；有责任心的人一定会按时、保质、保量完成任务，解决问题，能主动处理好分内与分外的相关工作，有人监督与无人监督的情况下都能主动承担责任而不推卸责任。所以，只有有责任心的人，才能在团队中得到发展。

人非圣贤，孰能无过，知错能改，善莫大焉。发现错误的时候，不要采取消极的逃避态度，而是应该想一想自己怎么做才能最大程度地弥补过错。只要你能以正确的态度对待错误，勇于承担责任，错误不仅不会成为你发展的障碍，反而会促使你不断地成长、进步。任何事情都有它的两面性，错误也不例外，关键就在于你从什么样的角度看待它，以怎样的态度去处理它。如果只是顾全面子、不敢承担责任的话，那最后吃亏的只能是你自己。

有些人好高骛远，不能踏踏实实地工作，工作中出现一些小问题也不愿深究。他们的观点是：如果我所犯的错误性质十分严重，我一定会承认的，但如果是一点小错，那就不必计较。其实，工作无小事，更无"小错"，1%的错误往往就会带来100%的失败，所谓"失之毫厘，谬以千里"就是这个意思。面对错误的最佳态度应该是勇于承担责任，而不是以无所谓的态度对待之后的结果。员工对待错误的态度从某种程度上可以说是一个人的敬业精神和道德品行的体现。因此，正确面对错误，是自己的责任就要全力承担，一定不能推卸，要诚恳地承认错误，并积极地寻求补救的办法。只有敢于承担责任的人，才有可能做成大事。

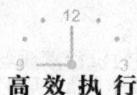

附录：小测试，你是高效执行的员工吗？

回答下面的问题，判断自己目前的工作状态，转变消极的工作态度，让自己成为高效执行的员工。

当你决定去做一件事情的时候，你能否马上行动、毫不拖延？	是	否
当你遇到问题和挑战的时候，你是否总是为自己找理由和借口？	是	否
当你得到升职或加薪时，你是否认为这是应该的？你是否感恩过老板？	是	否
当你入职一家公司，你是否认为工作是为了老板、"拿多少钱就做多少事"？	是	否
当你被一些麻烦困扰的时候，你是否会找其他人进行沟通？	是	否
当你面对烦琐的工作时，你是否会静下来寻找完成它们的捷径？	是	否
当你加入一个团队时，你是否会主动融入团队，并尽可能贡献自己的力量？	是	否